Es gibt eine zunehmende Zahl von Menschen, die ihre nachberufliche Phase aktiv und selbstbestimmt gestalten wollen. Der Anteil der über 60-Jährigen macht heute bereits mehr als 20 % der Bevölkerung aus. Dieses Buch bietet aufschlussreiche Aspekte zu diesem Thema an. Auf der Folie von Interview-Protokollen werden unterschiedliche Facetten des Alterns sichtbar, ohne schwierige Phasen wie Krankheit, Burn-out-Syndrom und Depression auszusparen: ein über 80-Jähriger hält sich noch sportlich fit, pflegt seine Hobbys und geht eine neue Lebenspartnerschaft ein; der 64-Jährige Vorruheständler hat sein Studium nachgeholt; eine ehemalige Lehrerin in Teilzeitarbeit erzählt von ihren Schwierigkeiten als geschiedene Frau mit vier Kindern und ihren neuen Aktivitäten; die alleinstehende 57-Jährige Sozialpädagogin entdeckt nach einem Burn-out-Syndrom ihre vernachlässigten kreativen Fähigkeiten neu ...

Theoretische Einschübe ergänzen oder verdichten einzelne Beiträge, so dass ein interessanter Einblick in diesen Themenkreis ermöglicht wird.

ENNA PERTIM, geboren in Westfalen, lebt heute in der Nähe von Hannover. Nach dem Tod ihres damals 49-Jährigen Mannes studierte sie Soziologie, Psychologie und Pädagogik und absolvierte ein sprechwissenschaftliches Aufbaustudium. Erst nach langjähriger Lehrtätigkeit an der Universität kam es zu schriftstellerischen Veröffentlichungen, u. a. legte sie die Erzählbände »Abschied heißt nicht Ende«, »Saitenspiel und Dissonanz«, »Und zwischen den flüchtigen Tagen«, sowie den Gedichtband »Schattenlichter – lichter Schatten« vor.

Enna Pertim ist heute freiberuflich schriftstellerisch und pädagogisch tätig.

Enna Pertim

Die Freiheit der späten Jahre

Wie Menschen unterschiedlichen Alters
ihre dritte Lebensphase erleben
und gestalten

Weitere Informationen über den Verlag und sein Programm unter:
www.allitera.de

Bibliographische Information der Deutschen Bibliothek

Die Deutsche Bibliothek verzeichnet diese Publikation in der Deutschen Nationalbibliographie; detaillierte bibliographische Daten sind im Internet über <http://dnb.ddb.de> abrufbar.

Oktober 2006
Allitera Verlag
Ein Verlag der Buch&media GmbH, München
© 2006 Buch&media GmbH, München
Umschlaggestaltung: Kay Fretwurst, Freienbrink
Herstellung: Books on Demand GmbH, Norderstedt
Printed in Germany · ISBN 3-86520-224-1

Inhalt

Vorwort	7
Einführung	10
Mary wünscht sich ein »Sabbatjahr«	18
Marianne braucht ein soziales Engagement	28
Heinz entdeckt seine kreative Seite	37
Helga findet einen neuen Zugang zu ihrem Mann	40
Werner fühlt sich befreit von allen Pflichten	50
Eva möchte so viel wie möglich lernen	56
Hans absolviert ein Seniorenstudium	65
Maria erlebt ihr Alter als Aufbruchphase	72
Johanna setzt sich mit Sinnfragen auseinander	82
Ilse will sich nicht »outen«	88
Eine Gruppe sucht ihren Weg	91
Nachwort	98
Zu den Beiträgen	101
Hinweise zur Literatur	103

*Es gilt, nicht nur dem Leben Jahre,
sondern den Jahren Leben zu geben*

Ursula Lehr

Vorwort

Gesellschaftlich gesehen, altern die Menschen heute anders als früher. Es gibt in den westlichen Ländern eine zunehmende Zahl von Frührentner/innen, die die nachberufliche Lebensphase aktiv und selbstbestimmt gestalten wollen. Die Lebenserwartung ist gestiegen, die freie Zeit für neue Tätigkeiten und Unternehmungen hat zugenommen, und allmählich zeichnet sich auch eine Bewusstseinsänderung in Bezug auf den Prozess des Alterns ab, die zu anderen Verhaltensformen führt.

Aufgrund der veränderten Bevölkerungsstruktur werden neue Perspektiven erforderlich, die von der Politik, im Bildungs- und Konsumentenbereich unterschiedlich aufgenommen werden. Immer noch ist aber auch das »Altenbild« von Vorurteilen geprägt, sodass ältere Menschen gemäß der überkommenen »Defizit-Hypothese« in vielerlei Hinsicht unterschätzt und auf eine Art »Abstellgleis« geschoben werden.

In der Alternspsychologie hat man festgestellt, dass »konstruktiv alternde« Menschen sich durch folgende Eigenschaften auszeichnen:
- Sie intensivieren ihre Interessen;
- finden abwechslungsreichere Tageslaufgestaltungen;
- entwickeln intimere und intensivere Sozialkontakte wie auch ein freieres emotionales Ausdrucksverhalten;
- nehmen eine gelassenere Lebenshaltung ein;
- bilden eine größere Offenheit gegenüber neuen Erfahrungen aus;
- entwickeln ein stärkeres Interesse, persönliche Potenziale zu entdecken, auszuschöpfen und an andere weiterzugeben.

Aber die Zahl derjenigen, die diese positiven Aspekte auch wirklich leben, stellt keineswegs die Mehrheit unter den älteren Menschen dar.

In den verschiedenen Medien – Fernsehen, Rundfunk, Zeitungen und Zeitschriften – wird meist ÜBER alte Menschen gesprochen. Es gibt selten Beispiele, in denen die Betroffenen selbst zu Wort kommen, wobei dann ganz überwiegend Probleme des Alters aufgegriffen werden. Die vielschichtigen Facetten des Alterns aber bleiben dabei verborgen – und das, obwohl der Anteil der 60-Jährigen heute bereits mehr als 20 % der Bevölkerung ausmacht. Da die Lebensqualität im Alter und die Einstellung zum Älterwerden immer auch ein Ergebnis der individuellen biografischen Entwicklung ist, können lebensgeschichtliche Ereignisse nicht ausgespart werden, wenn über die Gestaltung der dritten Lebensphase berichtet wird.

In diesem Buch erzählen Betroffene unterschiedlichen Alters von ihrem gelebten Leben, ziehen Bilanz und stellen ihre Situation dar, in der sie sich im Augenblick befinden. Ihre jeweiligen Standorte – mal positiver, mal weniger positiv geprägt – geben Auskunft darüber, wie sie sich in der veränderten Lebenssituation eingerichtet haben, welche Zeichen, positive wie negative, bedeutsame Erfahrungen gesetzt haben und wie sie sich mit möglichen weiteren Veränderungen im fortschreitenden Alter auseinandersetzen. Bei diesen ausschnitthaften Lebensgeschichten wird außerdem deutlich, wie sehr auch die Zeitumstände auf die jeweiligen Biografien eingewirkt haben.

Jede Generation ist auf eigene Weise geprägt worden, und die Auswirkungen sind in allen Bereichen ablesbar. Das gilt für die Berufsmöglichkeiten ebenso wie für die Bildungschancen; für die ökonomischen Bedingungen gleichermaßen wie für Lebensstile, Einstellungen und Verhaltensmuster. Was hat nicht allein die Kriegsgeneration an Wechselbädern durchmachen müssen: vom Verlust der Heimat durch Vertreibung und Flucht bis zum Verlust von Hab und Gut in den schrecklichen Bombennächten.

Die Angehörigen dieser Generation haben gelernt, vielfältige Konflikte wie Arbeitslosigkeit, Inflation und Währungsreform zu meistern.

Und dann die gesellschaftspolitischen Veränderungen der vergangenen Jahrzehnte: Familienbiografien verlaufen anders; ökonomische Strukturen haben sich verschoben, vor allem für Frauen; Einbindungen religiöser Art sind brüchiger geworden, und die Bereitschaft zu sozialer Verantwortung unterliegt einem gravierenden Wandel.

Das alles ist mit dafür verantwortlich, dass die Orientierung an so genannten »Normalbiografien« den tatsächlichen Gegebenheiten nicht mehr entspricht, man kann die individuellen gestaltenden Elemente für Lebensläufe nicht unberücksichtigt lassen.

Vielleicht sind die aus vielen Interviewgesprächen ausgewählten Beispiele geeignet, Anregungen zu vermitteln, wie der Prozess des Älterwerdens positiv beeinflusst werden kann und nicht als schicksalhaft gegeben und vorgezeichnet hingenommen werden muss.

Umso eher können dann »gewonnene« Jahre auch an Lebensqualität gewinnen. Nach meinen Gesprächen habe ich mich immer wieder gefragt, was denn meine Gesprächspartner/innen im Alter zwischen 57 und 82 Jahren so sicher macht, ihr Leben auch weiterhin angemessen meistern zu können.

Die Antworten finden sich in den Beiträgen selbst. Mich hat nachhaltig beeindruckt, wie viel Mut, Kraft und einverständliches Wissen dabei zum Vorschein kam; wie viel Bescheidenheit bei aller Aktivität spürbar blieb und wie stark die Offenheit für Neues den Alltag mitgestaltete.

Ich danke allen, die sich mit der Veröffentlichung ihres Beitrags einverstanden erklärt haben – und ich danke ihnen vor allem für ihre Bereitschaft, sich in so offener Weise mitzuteilen und andere an ihren Erfahrungen und Empfindungen teilhaben zu lassen.

Enna Pertim

Einführung

Gemeinsam wollten wir uns früherer Zeiten erinnern, wollten zusammentragen, ob und wie sich das Altersbild in den vergangenen Jahrzehnten verändert hat; wollten darüber sprechen, ob es gravierende Einschnitte in unseren Biografien gegeben hatte.

Ich war überrascht, auf wie viel Zuspruch mein Angebot im Programmheft einer größeren Volkshochschule gestoßen war und dachte zunächst nur daran, Gedanken und Erfahrungen der Generation über Fünfzig kennen zu lernen und zu sammeln. Einer Generation, die auf vielfältige Weise unterschiedlichen Normen ausgesetzt war und sich mit teils widersprechenden Erziehungsstilen auseinander zu setzen hatte.

Auf diesem Hintergrund entstand dann die Idee zu diesem Buch, mit dem ich einen kleinen Beitrag leisten möchte, deutlich zu machen, wie unterschiedlich sich Prozesse des Alterns vollziehen können – oder müssen? – und welchen Stellenwert dabei die eigene Lebensbiografie einnimmt.

Es heißt: Nicht wie ALT man wird ist entscheidend, sondern WIE man alt wird, – und da gibt es so viele Facetten, dass man nicht aufhören möchte, Näheres darüber zu erfahren.

»Das Altern« kann es ohnehin nicht geben, da der Prozess des Alterns immer nur im Zusammenhang eines gesamten Lebenslaufs zu verstehen ist, der sowohl individuell als auch gesellschaftlich und historisch mitbestimmt wird. Ebenso wie Altersformen werden auch Altersbilder von vielen Faktoren beeinflusst, die wandelbar sind und dem jeweiligen gesellschaftlichen Kontext gemäß vermittelt und gelernt werden und die als »Außenkräfte« auf die Ausformung der Lebensgeschichten einwirken.

Damit geht eine häufig in Erscheinung tretende Ambivalenz einher, die darin liegt, dass die Bewertung einer Lebensphase – hier der Altersphase oder »dritten Lebensphase« – von dem jeweiligen Blickwinkel des Betrachters abhängig ist, so dass die unterschiedlichsten Einschätzungen dabei herauskommen müssen: Betrachtet man zum Beispiel diesen Lebensabschnitt aus der Sicht eines betroffenen älteren Menschen oder aus der Sicht jüngerer Altersstufen?

Wertschätzung, Kompetenz, Sinngebung und »Produktivität« – ein neues schreckliches Wort! – sind unterschiedlich gewichtet und wirken sich entsprechend als positive oder negative Einflüsse auf die Einstellung der Generationen zueinander aus.

Gegenwärtig scheint es so zu sein, dass uns eher negative als positive Merkmale einfallen, wenn es um die Beschreibung von sozialen oder persönlichen Zuständen im Alter geht. Als eine dafür verantwortliche Ursache wird genannt, dass der Leistungsverfall im Alter überschätzt wird und die Jugendlichkeit hoch im Kurs steht.

Dazu finden sich allzu oft im öffentlichen Bewusstsein gesellschaftliche Zielvorgaben, die diesen Meinungen und Einschätzungen reichlich Vorschub leisten: Attraktiv hat man zu sein, fit und leistungsfähig! Flexibilität und Kompetenz, Modernität und Aktivität sind erstrebenswerte Eigenschaften.

Wer hätte diese Schlagwörter noch nicht gehört?

Doch, wie sieht die Realität mit ihren vielschichtigen Ausprägungen tatsächlich aus? Wie viel Flexibilität, Aktivität und Modernität verträgt denn das vorherrschende Altersbild?

Ist nicht jede Generation ihre eigene Avantgarde?

Wie viel Verwunderung, Entfremdung und auch Ablehnung spüren gerade die, die sich aus den Klischees befreien und ungewohntere Wege gehen! Und da nehmen sich oft selbst die eigenen Kinder oder Freunde nicht aus.

In zunehmendem Maße wird heute deutlich, dass die Lebensjahre allein nicht dafür maßgebend sind, wann ein Mensch zur Gruppe der älteren Menschen zählt. Auch die berufliche Altersgrenze gilt nicht mehr als Bestimmungsmerkmal. Verhaltensweisen und Gestaltungsmöglichkeiten der dritten Lebensphase sind variabler geworden, neue Perspektiven haben sich allein schon durch die Zunahme des Lebensalters ergeben.

Allmählich rückt man von dem bisherigen »Defizit-Modell« ab und setzt an seine Stelle die Theorie des »Kompetenz-Modells«.

Beobachtungen legen nahe, dass etwa ab dem 60. Lebensjahr die individuelle Lebensform den Prozess des Alterns entscheidend mitbestimmt. Von besonderer Wichtigkeit ist dabei, bereits erworbene Fähigkeiten (Kompetenzen) zu erhalten oder schon verloren gegangene zu kompensieren.

In diesem Zusammenhang muss ich an den Pianisten Artur Rubinstein denken, der gleich in mehrfacher Weise auf die durch sein Alter bedingten »Verluste« – er war inzwischen 82 Jahre alt – reagierte: Er reduzierte sein Repertoire, übte die verbliebenen Stücke häufiger und führte vor schnellen Passagen ein leichtes Ritardando (Verlangsamung) ein, so dass durch den Kontrast das Nachfolgende schneller erschien.

Es gibt auch Hinweise dafür, dass Menschen dann geistig vitaler bleiben, wenn sie sich neuen Herausforderungen stellen und Anregungen suchen. Das kann in vielfältiger Weise geschehen, in politischen, sozialen oder kulturellen Bereichen stattfinden oder auch ganz auf das private Umfeld begrenzt bleiben. Für viele ist das Gefühl, gebraucht zu werden, ein Lebenselixier, vor allem dann, wenn Familien- und Berufsphase abgeschlossen sind. Wo jeder Einzelne seine ihm gemäße Aufgabe sucht und findet, hängt von vorhandenen Möglichkeiten, aber auch von der eigenen Aktivität und den persönlichen Vorstellungen und Zielen ab. Ist erst einmal ein Ziel vorhanden, folgt die Aktivität fast von allein.

Es lohnt sich, einmal eine Lebensbilanz zu ziehen und auch Konsequenzen nicht zu scheuen. Wie oft schon haben sich geheime Wünsche realisieren, vergessene Vorstellungen wiederbeleben, ursprüngliche Begabungen entwickeln lassen.

In den ausgewählten Lebensgeschichten findet sich das ein oder andere Beispiel dafür.

»Dazu hatte ich ja bis jetzt nie Zeit …«, »aber wie hätte ich denn das wohl machen sollen …«, »ich habe mir das nie zugetraut …« – diese und andere Äußerungen sind uns sicher wohlvertraut. Nein, nicht jeder hat den 24-Stunden-Tag entdeckt und ist bereit, sich voll auszupowern.

Man muss nicht mit 65 Jahren noch einen Pilotenschein machen, mit 85 Jahren noch promovieren, ein bedeutendes Kunstwerk zustande bringen … Nein – man muss nicht! Aber man kann, wenn man die Neigung dazu verspürt.

Frei von Stress, mit echtem Engagement entstehen die kreativsten Ideen und entwickeln sich schöpferische Kräfte oft in erstaunlichem Maße.

Äußere Aktivität, die von innen angetrieben wird, gilt als Wesen schöpferischer Existenz, sagt man.

Der Vorgang des Alterns ist immer Gewinn und Verlust, Hoffnung und Verzicht, Freude und Schmerz, Ankunft und Abschied, Halten und Loslassen – und bleibt immer neuer Entwurf.

Wir wissen, dass Altern und Alter im Wesentlichen durch die gemachten Erfahrungen in Kindheit, Jugend und Erwachsenenalter bedingt sind, aber die Aussage von der Unabänderlichkeit bestimmter Verhaltensweisen stimmt nicht mehr. Nach heutigen psychologischen Erkenntnissen ist es sehr wohl möglich, mit Einsicht und Konsequenz störende Eigenschaften und Verhaltensweisen zu mildern, wenn nicht sogar aufheben zu können.

Man weiß auch, dass die Einstellung zum Alter häufig durch das Wissen über das Alter – wie verlaufen beispielsweise die physischen und psychischen Prozesse, welche Einschränkungen, Veränderungen und Möglichkeiten gibt es – beeinflusst beziehungsweise korrigiert werden kann.

Wie aber kommt man an dieses Wissen heran, wo findet man die notwendigen Informationen?

Gibt es gar eine »Alters-Wissensbörse« oder sollte man ein »Alters-Einweisungs-Programm« ableisten müssen, um für kontinuierliche und konstruktive Alternsprozesse tauglich zu werden?

Mögen diese Gedanken auch teilweise berechtigt sein – sie sind schrecklich genug: Nach all dem Zwang der Familien- und Berufsaufgaben, nach den unliebsamen Abhängigkeiten schon wieder fremdbestimmte »Pflichten«, neue Leistungserwartungen – vielleicht auch Leistungszwänge?

Nicht Gebot, sondern Angebot könnte es sein für alle, deren Wünsche und Ansprüche in diese Richtung gehen. Und da lässt sich auch schnell etwas finden in Bildungseinrichtungen, Seniorenverbänden, einschlägiger Sachliteratur etc. Wem solche Unternehmungen nicht liegen, dem mag es hilfreich sein, sich an positiven »Modellen« gelungener Lebensgestaltung im Alter zu orientieren, über die zunehmend – auch in der Literatur – berichtet wird. Mir scheint, dass die Devise: »Es wird sich schon alles richten« immer noch weit verbreitet ist, dass das Ohnmachtsgefühl, noch etwas ausrichten oder gar verändern zu können, manchen Impuls schon im Keim erstickt und dass somit kein Mut aufkommt, die »späte Freiheit« auch für Neues zu nutzen und sich von vorhandenen Stereotypen zu lösen.

Jede Veränderung verläuft in Auf- und Abwärtsbewegungen, und doch kommt oft ein kontinuierlicher Fortgang dabei zustande, wenn man das eigene Wollen nicht aus dem Auge verliert.

Wie oft aber wird ein Verhalten durch bestehende Vorurteile beeinflusst und wie stark kann das Selbstbild dabei ins Wanken geraten. Nicht selten spielen da, gerade auch bei Frauen, Äußerlichkeiten eine Rolle, und das Wunschbild des Jungbrunnens, in den man eintaucht, um ihm verjüngt wieder zu entsteigen, hat keineswegs seine Gültigkeit verloren. Nur die Wahl der Mittel hat sich verändert: Heute sind Schönheitsoperationen, Verjüngungskuren, Vitalitätselixiere und vieles mehr gefragt, wodurch sich der Traum anhaltender Jugendlichkeit erfüllen soll. Die Werbung läuft auf Hochtouren, und der Konsummarkt boomt.

Untersuchungen in mehreren westeuropäischen Ländern zeigen, dass bei gut einem Drittel aller über 60-Jährigen eine Art Sinnkrise besteht, was daraus erklärt wird, dass es in unserer Gesellschaft keine vorstrukturierte Alterskultur gibt. Auch wenn sich heute bereits andere Altersstile herausgebildet haben, so ist diese Erscheinung gesamtgesellschaftlich noch nicht relevant geworden.

Wichtig und hilfreich wären immer wieder Erfahrungsberichte, die Aufschluss geben könnten über die Bewältigung von Lebensaufgaben, denen die Einzelnen unter verschiedensten Bedingungen gegenübergestanden haben und deren Ergebnis die Kompetenz für die Altersphase entscheidend mitprägt. Das könnte mit dazu führen, sich auf irgendwann einmal notwendige Veränderungen der Lebenssituation beizeiten vorzubereiten. Es ist nämlich bekannt, dass solche Veränderungen wie zum Beispiel ein Umzug in eine andere Stadt oder die Umsiedlung in ein Altenheim leichter verkraftet werden, wenn sie selbstgewählt und nicht von Anderen aufgezwungen sind oder wenn das Ereignis vorauszusehen war.

Bei der Sinngebung in der neuen Lebensphase geht es immer wieder darum, den subjektiven Lebenssinn zu finden. In der Rückschau auf das eigene Leben könnte sich so etwas wie ein Sinnzusammenhang ergeben und man entdeckt vielleicht, dass einzelnen Abschnitten oder Begebenheiten in der Lebensbiografie etwas Gemeinsames zu eigen ist. Diese Erkenntnis führt nicht zuletzt zu einem differenzierten Verständnis der eigenen Persönlichkeit.

Lebenssinn kann familiär, sozial, beruflich fundiert sein; kann seinen Nährboden in philosophischen oder religiösen Vorstellungen ebenso finden wie in ganz praktisch orientierten Zielen und Handlungen; kann auf die eigene Person bezogen bleiben oder auf Weitergabe an die nachfolgende Generation ausgerichtet sein.

Es ist immer wieder überraschend, dass es bevorzugte Bereiche gibt, in denen Frauen ihren »Sinn« finden. Und wenn man sich einmal das öffentliche Erscheinungsbild von Aktivitäten im Alter genauer ansieht, so sind es vor allem Frauen, die bestimmte Weiterbildungsangebote wahrnehmen und sich für soziale Belange zuständig fühlen.

Liegt das daran, dass Frauen eine Weiterbildung eher nötig haben als Männer oder dass die Natur ihnen soziale Kompetenz in die Wiege gelegt hat? Oder gibt es gar ein ausgeprägteres Solidaritätsgefühl bei Frauen? Und wenn dem so wäre, wie käme es zustande?

Ist nicht auch die Biografie von Frauen dafür verantwortlich, dass sie oft in ein fixiertes Rollenbild hineingepresst werden?

Der soziale Druck, der auf einem lastet, wenn man sich von sozial erwünschten Verhaltensweisen freimacht und ungewöhnlichere Wege geht, ist wohlbekannt.

Wir kennen auch die Urteile über ältere Menschen, die vorschnellen Begutachtungen, wenn sie sich dem gewohnten »Altersbild« nicht mehr anpassen wollen, – und bei Frauen fällt das in der Regel schärfer aus als bei Männern.

Aber die Zeit lässt sich nicht anhalten, und bei der steigenden Lebenserwartung und den sich abzeichnenden gesellschaftlichen Veränderungen wird sich das Verhaltensrepertoire im Alter weiter auffächern.

In einer Untersuchung über die Entwicklung von »Leitbildern« hat man Lebenserzählungen älterer Menschen ausgewertet und anhand dieser Auswertung eine Klassifizierung von Lebensbiografien vorgenommen. Dabei haben sich vier Typen herausgestellt, die als »Wegbereiter unter den Älteren« folgendermaßen benannt werden:

- Die Weitermacher, die ihre Berufstätigkeit als Selbstständige oder Künstler aufrecht erhalten oder ehrenamtlich tätig sind beziehungsweise werden, eben unter den gleichen oder anderen Vorzeichen selbstbestimmt weitermachen.
- Die Anknüpfer, die neue Tätigkeitsfelder suchen, indem sie zum Beispiel an Bedürfnisse anknüpfen, die sie während ihrer Berufstätigkeit entwickelt haben, oder die vorhandene Interessen aufnehmen, ausbauen, intensivieren.
- Die Befreiten, die ihren Ruhestand als Befreiung erleben, von Doppel- und Mehrfachbelastungen entpflichtet (zum Beispiel als Berufstätige und Mutter).
- Die Nachholer, die nun zu etwas kommen, was vorher nicht ging, was sich häufig beispielsweise in Bildungsaktivitäten niederschlägt.

Die schon erkennbaren Veränderungen – weg von dem Bild einer hergebrachten Altersbiografie – zeigen, dass die gewonnenen Lebensjahre durchaus sinnbringend genutzt und auch als modellhaft für konstruktives Altern angesehen werden können.

Je eher man damit beginnt, ein selbstbestimmtes, kreativ ausgefülltes Leben zu leben, desto geübter kann man im Alter Möglichkeiten wahrnehmen, die vor allzu passiven Lebensformen bewahren.

Letztendlich aber bleibt entscheidend, welchen Gewinn eine andauernde Aktivität für das eigene Wohlbefinden bringt. Das schließt ein, dass es auch ruhigere Formen der Lebensgestaltung gibt, in denen bewusste Zurückgezogenheit, Muße und stille Betrachtung den inneren Rhythmus bestimmen.

Auf die Unabhängigkeit und Autonomie des Verhaltens kommt es an, die als unabdingbarer Bestandteil eines »erfolgreichen« Alterns angesehen werden.

Wenn mit zunehmendem Alter die Kreise enger werden, weil sich das persönliche Umfeld in der Nachbarschaft beispielsweise verändert oder weil körperliche Einschränkungen den Bewegungsspielraum begrenzen, werden soziale Einbindungen besonders wichtig. Gerade wo sich die Familienstrukturen so radikal verändert haben, wo der Trend hin zu Einpersonenhaushalten unaufhaltsam ist, gewinnt dieser Aspekt zunehmend an Bedeutung.

Aus diesem Grunde versuchen auch die unterschiedlichsten Träger – Wohlfahrtsverbände, Kirchen, Kommunen, Volkshochschulen und andere –, Möglichkeiten zu Kontaktaufnahmen anzubieten, um der Gefahr der Vereinsamung und Isolation entgegenzuwirken. Aber diese Angebote nützen nichts, wenn sie nicht wahrgenommen werden.

Es haben sich viele andere Tätigkeitsfelder ergeben, die aufgrund von veränderten Bedürfnissen älterer Menschen entstanden sind.

Professor Naegele (Soziale Gerontologie) weist darauf hin, dass sich inzwischen typische Bedarfslagen herauskristallisiert haben, die sowohl professionell als auch ehrenamtlich »bedient« werden sollten:

- Bedarf an Beratung und Information
- Bedarf an sozialen Kontakten
- Sinnstiftende Betätigungen
- Bildungs- und Freizeitangebote

- Unterstützung im Bereich des Alltagsmanagements, vor allem im Zusammenhang mit leichter Hausarbeit, Einkäufen, Behördengängen etc.

In diesen Bereichen liegt auch eine große Chance für alle diejenigen, die sich in ihrer nachberuflichen Lebensphase noch engagieren möchten. Das trifft in besonderem Maße für Menschen zu, die vorzeitig aus ihrem Berufsleben ausscheiden MÜSSEN.
Seit Mitte der 70er-Jahre gibt es nämlich eine wachsende Zahl älterer Arbeitnehmer/innen, die immer früher »freigesetzt« werden. Man spricht in diesem Zusammenhang von einer »Entberuflichung« des Alters – und laut Prognosen ist mit einer Veränderung bis zum Jahr 2010 nicht zu rechnen. (Anfang 1995 war jeder fünfte Arbeitslose über 55 Jahre alt!) Untersuchungen dazu haben ergeben, dass etwa ein Drittel der vorzeitig »Freigesetzten« ernsthafte Schwierigkeiten im Umgang mit der veränderten Lebenssituation hat.
Bieten sich da nicht auch Möglichkeiten an, die gewonnene freie Zeit für ein sinnvolles freiwilliges Engagement zu verwenden?
Mir sind viele Männer wie Frauen begegnet, die sich für soziale Tätigkeiten im weitesten Sinne bereitfinden würden, um ihr Leben mit neuen Inhalten zu bereichern – und das ist unabhängig vom Bildungsstand für jeden, der ernsthaft sucht, auch möglich.
Über einige gelungene Versuche wird in den von mir ausgewählten Beiträgen berichtet. Andere Möglichkeiten kann man entdecken, wenn man sich an Institutionen oder private Interessengemeinschaften wendet und seine Bereitschaft zur Mitarbeit bekundet.
Es gibt natürlich kein Rezept für eine sinnvolle Gestaltung des eigenen Alters, weil jede Sinnfindung ganz persönlich ausgerichtet sein wird und auch bleiben soll.

Aber es gibt reizvolle Chancen über die Bewältigung des Alltags hinaus, wenn man sich um ein wirklich ausgefülltes »Altern« bemüht.

Es kommt eben nicht nur darauf an,

»Wie ALT man wird«
sondern
»WIE man alt wird«.

Mary wünscht sich ein »Sabbatjahr«

*Auch das Alter fängt mit einer Art
Jugend an; es nimmt sich Zeit,
bevor es sich endgültig breit macht.
Es lässt einen in Ruhe und nimmt
einen dann wieder in seine Fänge ...
Einige Schlachten gewinnt man ...
indem man Gegenmanöver inszeniert ...
die Zeit ist noch nicht gekommen,
wo man ebenso viele Stunden damit
zubringt, die Einbruchstellen wieder
abzuriegeln, wie das Leben zu leben.*
(Benoîte Groult in »Salz auf unserer Haut«)

Mary ist mit 56 Jahren aus gesundheitlichen Gründen aus dem Berufsleben ausgeschieden. Es ist ihr schwer gefallen, weil sie gern in ihrem Beruf als Sozialpädagogin gearbeitet hat. Sie war dort eine Person, die gefragt war.

»Es war mir wichtig, für Menschen einen warmen Platz zu schaffen, wo sie über ihre Nöte sprechen konnten – und das ist mir wohl auch gelungen. Ich selber habe solche warmen Plätze auch erlebt, vor allem bei zwei Kolleginnen in der Supervision. Da konnte ich alles Dienstliche beiseite lassen und durch fachlichen Rat auch wieder auftanken. Im privaten Bereich gab es einen zuverlässigen Freundeskreis, der mich voll mitgetragen hat – und vor allem ein warmes Nest in der Familie.

Gesundheitlich habe ich immer schon Höhen und Tiefen erlebt. Wenn ich mich verausgabte, kamen prompt auch Krankheitsphasen. Ich habe das zwar erkannt, konnte aber nichts dagegen tun, weil ich immer voll in meine Aufgaben vertieft war.«

Jetzt ist sie seit einem Jahr nicht mehr im Beruf, hat etwas Abstand gewonnen und sieht diese Zeit als ein »Sabbatjahr« an.

»In unserer Gesellschaft weiß man wenig darüber«, erklärt sie mir,

»aber zum Beispiel im Jüdischen ist das weit verbreitet. Man nimmt sich alle sieben Jahre ein freies Jahr, um zu sehen, wo man steht, was man möchte ... Ich habe in 42 Berufsjahren nie ein ›Sabbatjahr‹ gehabt, weiß aber jetzt, wie wichtig das für mich gewesen wäre. Heute würde ich meine Freiräume sehen und auch wahrnehmen.«

In diesem Zusammenhang fällt mir ein, dass auch in der jüngsten Diskussion um Arbeitszeitgestaltung über die Einführung von so genannten *sabbaticals* nachgedacht wird: Das würde vor allem für gesundheitlich beeinträchtigte Arbeitnehmer eine Chance sein, weiter im Beruf zu bleiben und sich schrittweise in die nachberufliche Phase einzuüben. Vielleicht könnte sogar auf diese Weise dem »Burn-out-Syndrom« entgegengewirkt werden? Denn dass es diese Erscheinung immer häufiger gibt, steht außer Zweifel.

Mary hat aus ihrer beruflichen Erfahrung viel für die augenblickliche Situation gelernt. Wenn ihr jetzt neue Tätigkeiten angetragen werden, was vor allem im kirchlichen Gemeindeleben der Fall ist, so lehnt sie das mit absoluter Klarheit ab.

»Ich weiß, das ist im Augenblick nicht meine Aufgabe, und auch aus gesundheitlichen Gründen will ich noch kein Amt annehmen. Ich möchte jetzt erst einmal meine Freiheit leben; selbst entscheiden, was ich tun und nicht tun möchte. Mir widerstrebt es ganz und gar, mich neu zu binden. Sicher wird es irgendwann neue Wege geben, und ich kann mir gut vorstellen, dass ich aufgrund meiner Veranlagung wieder im sozialen Bereich tätig sein werde, einen Teilbereich meines Lebens damit ausfülle. Aber es gibt auch ganz neue Interessen und Aktivitäten, die mich in ihrem Bann ziehen.

An erster Stelle steht die Liebe zur Malerei, die ich im Augenblick pflege. Vor einigen Jahren habe ich schon mal einen Versuch gemacht, habe auch Kurse in Aquarellmalerei besucht, aber mein Beruf hat mich so in Anspruch genommen, dass alles wieder eingeschlafen ist. Jetzt kann ich voll einsteigen und mich intensiv mit diesem Metier auseinandersetzen.

Doch das ist im jetzigen Stadium noch ein Suchen, weil ich noch nicht weiß, wie stark sich meine Aussagekraft entwickeln lässt. Vorstellungen habe ich genug, aber es scheitert an den Techniken, und ich merke sehr, wie stark mir da mein eigener Anspruch im Wege steht. Ich habe immer schon einen Anspruch auf Vollkommenheit gehabt. Dieser Anspruch hat mir oft weitergeholfen, aber er hat mir auch oft ein Bein gestellt. Heute hat sich diese Einstellung zwar ein bisschen verändert, aber eben nur ein bisschen ... Wir nehmen ja unsere Lebensstruktur mit durch unser ganzes Leben.«

Es ist deutlich zu spüren, wie sehr Mary noch in einer Umbruchphase verhaftet ist. Wo sie sonst alle Kräfte einsetzte, etwas bewirken wollte, so sagt sie, da beginne jetzt scheibchenweise das Abgeben und der Verzicht. Sie fühlt sich im Augenblick ein wenig verwaist, weil ihre Fachkompetenz nicht mehr abgefragt wird, weil es auf der gesellschaftlichen Ebene, die überwiegend betrieblich ausgerichtet war, auch ruhiger geworden ist, und auch die vielen »Dankbarkeitsgesten« der von ihr Betreuten im Betrieb gibt es nicht mehr.

»Das fällt mir schon etwas schwer«, gesteht sie mir ein, »nicht mehr mitmischen zu können ... und da kommt auch ein Gefühl der Wehmut mit hinein. Wehmut, wieder etwas loszulassen, abzugeben ...

Das ist nicht wie der Tod – der Tod hat noch Endgültigeres –, aber dieses aus dem Berufsleben rausgehen löst bei mir eben ein starkes Wehmutsgefühl aus: Ich gebe ja meine gewohnte Aktivität ab, das Mit-Entscheiden, das Verantwortung tragen, das Einbezogensein in einen umfassenden Ablauf ... das ist schon ein echter Verlust. Heute fragt mich keiner mehr.

Durch all das hat zwar mein Selbstwertgefühl nicht gelitten, denn ich bin noch die, die ich bin – aber ich suche doch nach einem neuen Sinn.«

Mary hat immer wieder – in den verschiedensten Abschnitten ihres Lebens – nach dem jeweiligen Sinn ihres Tuns gefragt und diese Frage auch stets intensiv bearbeitet. Als junge Frau wünschte sie sich eine Familie, Haus und Mann. Heute steht sie an einer Stelle, wo ihr Leben ganz anders verlaufen ist.

»Es gab schöne Partnerbeziehungen, auf die ich nie verzichten möchte, denn sie haben mich bereichert. Aber eine Familie habe ich nicht gründen können. Oft denke ich, dass ich mich in der Familie auch gar nicht so hätte entwickeln können, zumindest nicht auf der geistigen Ebene, denn gewachsen bin ich in meinem Beruf. Ich konnte mich mit Fragen des Lebens auseinandersetzen, konnte die Fähigkeiten, die mir mitgegeben wurden, entwickeln und weitergeben, was ich mir erworben hatte, und fühle mich dadurch bereichert. Ich kann nur diesen Weg beurteilen, den anderen habe ich ja nicht kennen gelernt.

Jetzt heißt es für mich wieder neu herauszufinden, welchen Sinn ich meinem weiteren Leben geben werde. Eine Hälfte wird damit ausgefüllt sein, mehr für mich dazusein. Da gibt es ein Nachholbedürfnis. Aber es muss auch wieder einen Teil geben, der auf den anderen gerichtet ist.

Zu meinem Teil gehört, dass ich endlich mehr Zeit damit verbringen kann, konzentriert zu lesen – nicht nur Fachliteratur wie vorher; dass ich intensiv Musik hören, stärker an der Schönheit der Natur teilhaben möchte. Heute beobachte ich die Natur konzentrierter, was wohl auch durch das Malen beeinflusst wird; nehme Farben und Formen ganz anders wahr als früher und entdecke Dinge, die ich vorher nicht gesehen habe, weil mein Kopf mit anderem besetzt war. Das alles ist schon ein Glücksgefühl, das ich in einem neuen Ausmaß erlebe.

Und ich möchte auch bewusster und stärker die Verbindung zu Gott suchen. Für all das braucht man ja Zeit, und mein Verhältnis zur Zeit ist anders geworden. Früher wurde ich bestimmt, heute bestimme ich.

Ich denke auch an Begrenzungen meiner Zeit, daran, dass es jeden Tag zu Ende sein könnte ... auch an den Tod, würde aber gerne noch lange leben dürfen. Und – ich genieße das Jetzt!
Es gibt Phasen, in denen es mir gesundheitlich nicht gut geht, wo ich ganz stark an meine Grenzen stoße. In diesen Augenblicken ist Zeit für mich sehr kurz begrenzt ... dann kommt auch Trauer auf, ob das denn schon alles ist. Je besser es mir aber gesundheitlich geht, desto weiter empfinde ich die mir zur Verfügung stehende Zeit ausgedehnt.«

In diesem Bereich hat sich im Vergleich zur mittleren Lebensphase wenig verändert, denn dafür ist sie zu oft mit dem Tod in Berührung gekommen, und es hat viele schmerzliche Abschiede gegeben.

Insgesamt aber fühlt sie sich ihrem Alter entsprechend, nicht jünger und nicht älter; körperlich durch etliche kleine Gebrechen eingeschränkt, die in die Lebensphase hineingehören, wie sie sagt, und sie immer verunsichern.

»Wenn ich sie dann aber angenommen habe«, ergänzt sie dazu, »bin ich ganz zufrieden und empfinde das auch als normal. Da ist mir meine 90-jährige Mutter ein großes Vorbild. Sie ist bei voller geistiger Frische, und ich kann klare Gespräche mit ihr führen. Ich erlebe sie teilweise sogar anspornend für mich, weil sie jede Lebenssituation sehr gut anzupacken versteht. Sie möchte nicht, dass andere einmal über sie entscheiden, und deshalb hat sie für sich bestimmt, im Pflegefall ins Altenheim zu gehen. Das ist mir eine große Erleichterung, auch wenn ich sie nie dorthin abgeben würde. Sie wird alle meine Liebe und Fürsorge erfahren, so lange meine Kräfte es hergeben. Wir leben in getrennten Wohnungen, sehen uns aber täglich. Vielleicht ist das der Schlüssel dazu, dass wir so gut miteinander auskommen. ›Nähe bei Distanz‹ sagt man wohl in der Alterspsychologie dazu. Wenn sie mich einmal mehr braucht als heute, so weiß ich, dass ich das dann allein bewältigen muss. Die Verwandtschaft hat zwar kluge Ratschläge ... steht aber in Notzeiten selten zur Verfügung.

Das ist leider eine Realität.

Auch ich habe vor, mir so ungefähr in zehn Jahren ein Altenheim auszusuchen, damit ich weiß, wo ich hin will, wenn es einmal plötzlich kommt, und nicht dahin muss, wo gerade ein Platz frei ist.

Ich habe auch andere Wohnmöglichkeiten durchdacht, könnte mir ein ›betreutes Wohnen‹ vorstellen, habe mich auch über Wohngemeinschaften informiert, für die ich mich aber weniger erwärmen kann, weil ich dieses Wohnen gar nicht leicht finde. Ich denke, zu gegebener Zeit werde ich schon die richtige Entscheidung treffen.«

Wir sprechen zusammen über die veränderten Familienstrukturen von der Großfamilie hin zur Kleinfamilie; von dem Mythos harmonischer Familienverbände in früheren Zeiten, wo die »Alten« angeblich eingebettet waren in eine verantwortungsvolle Fürsorge der nachfolgenden Generation, und vergessen dabei nicht die oft leidvollen Erfahrungen, die alte Menschen in ihrer finanziell abhängigen und emotional ausgelieferten Situation machen.

Wir sprechen auch über die heutigen Erfahrungen einer so genannten Sandwich-Generation, die deutlich machen, mit welchen Aufgaben gerade die mittlere Elterngeneration belastet ist, indem sie auf der einen Seite den Anforderungen ihrer heranwachsenden Kinder gerecht werden, auf der anderen Seite ihre eigenen Eltern oft mit pflegerischer Hilfe durchs Alter begleiten muss. Wir sparen die vielen Singles nicht aus, die Einpersonenhaushalte verwitweter Frauen und Männer, deren Kinder – wenn es denn welche gibt – oft weit entfernt vom Elternhaus eine eigene Familie gegründet haben oder infolge ihres Berufes zur Mobilität gezwungen in einer anderen Stadt leben und räumlich nicht mehr so schnell erreichbar sind; wir wissen um die Bedeutung eines zuverlässigen Freundeskreises gerade dann, wenn es Zeiten der Not gibt. Aber solche »Netzwerke« entstehen nicht von selbst und verändern sich oft allein dadurch, dass sich die Lebenssituation anders gestaltet.

Der Einstieg in die nachberufliche Phase ist zum Beispiel ein Ereignis, das sich gerade auch auf die sozialen Kontakte auswirken kann.

»Mein Freundeskreis hat sich wenig verändert«, meint Mary dazu. »Aber das war ein langer Prozess, da gute Freunde auch wieder aus dem Leben gingen, sei es durch Wegziehen, durch Tod oder auch durch Aufgabe von Freundschaft. Heute weiß ich, dass Menschen aus meinem Freundeskreis rausgehen mussten, damit wieder neue Freunde Platz fanden. Ich hätte der Breite des Freundeskreises gar nicht gerecht werden können ... von der Qualität her.

Es kommen immer wieder Menschen in unser Leben, die uns reich beschenken, an deren Lebens- und Reifungsprozessen auch unsere Reifung mitvollzogen wird, ohne das jeweils in dem Augenblick in der ganzen Breite zu erkennen.

Menschliche Begegnungen hat sie immer zu den Höhepunkten in ihrem Leben gezählt, und da gibt es viele, die sie auch – wie sie sagt – in ein »stilles Glück« geführt haben. Heute kann sie – frei von beruflichen Pflichten – mehr Zeit darauf verwenden, ihre freundschaftlichen Kontakte zu pflegen, und sie genießt das sehr. Dahinter steht auch eine große Neugier auf verschiedene Lebensformen.

»Wo sonst kann man so intensiv in das Leben anderer Menschen hineinschauen«, erklärt sie diese Neigung bei sich. »Aber genau so intensiv muss man sie auch in das eigene Leben schauen lassen.« Deshalb ist ihr Freundeskreis auch groß, und sie freut sich besonders darüber, dass er sowohl generationsmäßig als auch interessenmäßig breit gefächert ist.

»Die beruflichen sozialen Kontakte haben sich natürlich verändert«, bedauert sie. »Sie sind wie abgerissen. Ich glaube, das ist normal, denn die Zeiteinteilungen sind ja anders.

Aber das fehlt mir schon. Insofern trifft uns berufstätige Frauen das gleiche Schicksal, wie ich das von Männern her kenne, die in Ruhestand gehen. Ich habe nicht versucht, diese Kontakte aufrecht zu erhalten, weil ich weiß, dass das nicht geht. Vieles geschah ja auch innerhalb der Arbeitszeit – und in der Freizeit gibt es anderes zu tun.

Es ist eben nichts wiederholbar, das hat mir das Leben immer wieder gezeigt ... ähnliche Situationen, ja, die gibt es schon ... aber die sind doch anders. Ehe ich das begriffen habe, habe ich viel Zeit gebraucht, und jetzt plagt es mich nicht mehr.

Insgesamt sieht die Bilanz meines bisherigen Lebens ganz beruhigend aus«, gibt sie mir lächelnd zu verstehen. »Ich glaube, dass ich mein Leben mehr oder weniger gut gemeistert habe – auch die Krisen. Wichtig war für mich, dass meine Bindung an Gott ständig gewachsen ist, denn in Grenzsituationen hat es immer wieder Hilfe aus dem Glauben heraus gegeben.«

Auf die Frage, wie alt sie werden möchte, reagiert sie sehr zurückhaltend. Zu viele geliebte Menschen hat sie sehr früh an den Tod abgeben müssen. Zunächst hat sie ihren Vater verloren, dann folgte die elf Jahre ältere Schwester, die erst vor acht Jahren an einem Krebsleiden gestorben ist. »Mir ist bis heute keine Frau begegnet, die ich so hoch verehre wie meine Schwester«, hat sie mir einmal gestanden, und sie fehlt ihr mit ihrer großen Toleranz und Güte noch heute.

In jüngster Zeit hat sie dann Abschied nehmen müssen von einer Nichte, mit der sie viele Jahre nahezu geschwisterlich verbunden war. Sie hinterließ, erst 35 Jahre alt, ihren Mann und zwei kleine Kinder.

»Durch ihren Tod brach in mir erneut eine Art Sinnfrage auf, und ich frage mich noch heute immer wieder neu, welchen Auftrag ich an den Kindern dieser Frau zu erfüllen habe«, lässt Mary mich wissen. »Es gibt ein sehr liebevolles und nahes Verhältnis zu diesen Kindern, die ich phasenweise betreue, und ein ebenso enges Verhältnis besteht zu meinen fast erwachsenen Neffen und Nichten.

Ich weiß, dass es schmerzlich sein wird, sie in ihre jeweilige neue Lebensphase zu entlassen, ja – dass ich auf einer anderen Stufe zurückbleiben werde. Aber das hat was mit loslassen zu tun, und ohne Traurigkeit wird das nicht möglich sein. Jeder Ablösungsprozess ist ja mit Traurigkeit verbunden, was ich in meinem Leben häufig genug erfahren musste.

Im Augenblick genieße ich noch die Verbundenheit mit ihnen und bin dankbar, dass ich mehr freie Zeit für sie gewonnen habe.

Gerade bei den Kleinen kann ich das wiedergeben, was mir meine Großmutter geschenkt hat: die Liebe – das Bestätigende –, was für mein Leben so wichtig war. Und die Kinder geben mir dafür ihr Lachen, ihre Unbeschwertheit. Ich möchte auf die Erfahrung mit diesen Kindern nicht verzichten, denn ich habe eine Großmutterfunktion, ohne dass ich je Kinder hatte. Ich hätte gerne während meines Lebens lange Briefe geschrieben oder Aufzeichnungen gemacht, um sie eines Tages ›unseren Kindern‹ – in meinem Fall den Nichten und Neffen – als Vermögenskapital des Lebens mitzugeben. Ein wenig überspannt, nicht?

Aber damit möchte ich ihnen sagen: Ich bin gereift durch meine Lebenserfahrung, die oft weh tat. Ich möchte anderen dieses

Wehtun ersparen, habe aber erkannt, dass Leben und Reifen ohne Schmerzen nicht geht.

Vielleicht hole ich diese Aufzeichnungen jetzt nach, wo es mehr Zeit für solche Dinge gibt.«

Nachdem sie mir dies alles erzählt hatte, beantwortete sie mir auch die Frage, wie alt sie werden möchte.

»Ich lebe sehr gern, weiß aber auch aus dem Rationalen heraus, dass man über Nacht betroffen sein kann von Krankheit oder Tod. Dann möchte ich einmal nicht so dastehen, dass ich total überrascht bin. Deshalb sorge ich jetzt schon vor, damit ich später in meiner Grundhaltung gewappnet bin. Ich würde mir allerdings wünschen – falls ich gesund bleibe – noch einiges machen und erleben zu können.

Machen möchte ich vor allem das, was ich schon begonnen habe – das Malen. Der Sinn des Malens ist für mich, dass ich eine christliche Botschaft weitergeben möchte. Ich würde gern mit Bildern ausdrücken, was heute schwer auszusagen ist. Wir sind ja eine Gesellschaft, die weniger christlich geprägt ist als früher. Ich erlebe immer wieder, dass wir über alles sprechen können, nur nicht über den Glauben … wo komme ich her … wo gehe ich hin? Was möchte eigentlich Gott von uns, und wie verwirkliche ich es? Diese Fragen beschäftigen mich zunehmend, je älter ich werde.«

Mary hat für sich herausgefunden, dass es in ihrem Leben eine durchgehende Linie gibt, die aus zwei gedrehten Fäden besteht: einem blauen und einem roten. Der blaue Faden ist das Leben hier, das ist bestimmt – der rote Faden ist der göttliche Faden, mit dem sie von Gott geführt wird.

»Mich begleitet das Bewusstsein«, offenbart sie mir, »dass ich von Gott geschaffen bin; dass es auch einen Auftrag für dieses Leben gibt. «

Mein Auftrag war mein Beruf, nämlich: für Menschen da zu sein, ihnen in ihrer Lebenssituation durch Zuhören, Zuwendung und fachliches Hinterfragen zu helfen, ihren jeweils eigenen Weg zu sehen. Immer wieder bin ich in dem Bemühen an meine eigenen Grenzen gestoßen. Es hat mich oft gequält, dass ich meinem Anspruch nicht voll genügen konnte, und es hat Jahre gedauert, bis ich einsah, dass ich in der Unvollkommenheit bleiben werde.

Diese Grenzen habe ich auch gespürt im Umgang mit dem Wort der Bibel. Es gab in meiner Glaubensbiografie auch mal eine Krise, etwa in meinem dritten Lebensjahrzehnt. Da geriet der kindliche Glaube ins Wanken, weil ich durch Gebote und Verbote in einen dicken Konflikt geriet. Bis heute betrachte ich die Kirche als Institution immer noch kritisch, und da gibt es noch starke Reibungspunkte. Aber ich habe mich für meinen eigenen Weg entschieden, dazu, mit Recht und Unrecht vor Gott zu stehen – und mein ungebrochener Glaube gibt mir viel Kraft.

Die eigenen Höhen und Tiefen in meinem Leben haben mir geholfen, ein besseres Verständnis für die Lebenssituationen aufbringen zu können, in denen andere Menschen standen, wenn sie zu mir in die Beratung kamen. Ich sehe heute, dass ich ohne diese Lebenskrisen gar nicht reif geworden wäre.

Reife bedeutet für mich, Abschied nehmen zu können, loslassen können ... und darin bin ich durch das Leben geübt. Manche mögen deswegen mit ihrem Schicksal hadern. Ich bin dankbar für diese wichtigen Erfahrungen.

Ich denke, dass wir uns auch im Alter noch weiterentwickeln: mehr Erkenntnisse sammeln, mehr Erfahrungen weitergeben, viel Neues in uns aufnehmen. Wir werden uns immer entwickeln, wie ein Baum, der weiter wächst, so lange er nicht abgestorben ist. Aber wir müssen auch einkalkulieren, dass ein Teil unserer geistigen und körperlichen Kräfte weniger wird, was wir aber vielleicht ›umverlagern‹ können in Güte, in Toleranz ... in diese Werte eben.

Es passiert mir heute schon, dass ich manche Dinge vergesse, und das ist häufiger der Fall als früher im Beruf. Deshalb habe ich vor kurzem auch in der Apotheke nach einem Mittel gefragt, mit dem man die ›geistige Frische‹ erhalten kann. Ein Apotheker hat mir ganz offen gesagt: Es gibt mindestens zwölf Medikamente, und nicht ein einziges verkaufe ich Ihnen. Trainieren Sie ihren Kopf, dann sind sie besser dran.

Ich denke, dass die geistige Aktivität und Konzentration vielleicht deshalb abgenommen haben, weil die beruflichen Anforderungen weggefallen sind. Heute muss ich mir eigene Impulse geben. Das ist sogar anstrengender, weil ich mich immer wieder selbst anschieben muss.«

Mary hat sich in ihrem Leben nie vor Auseinandersetzungen gedrückt, aber es musste auch immer wieder Harmonie geben.

Diese Sehnsucht nach Harmonie zieht sich wie ein Faden durch ihre Lebensgeschichte, und oft konnte sie nicht trennen, ob es die göttliche Harmonie oder die menschliche Harmonie war.

»Ich habe wohl immer nach beidem gesucht«, lässt sie mich wissen, »fühle mich auch angenommen und aufgehoben in der Liebe

Gottes – aber ich merke, wie sich diese Sehnsucht noch verstärkt.« Sie weiß, dass sich noch vieles verändern wird, und darunter wird auch manches sein, das ihr Beschwernisse bringen kann.

»Schritt für Schritt, wie ein Kind, das laufen lernt« geht sie auf ihre veränderte Lebenssituation zu und ist sich dabei ihres Grundvertrauens bewusst, das sie in schweren Zeiten immer begleitet hat und auch weiter begleiten wird.

Mir kommen folgende Zeilen in den Sinn:

Älter werden
heißt auch verzichten können;
heißt sorgsam umgehen lernen
mit den Ressourcen,
die nicht unerschöpflich weiter fließen;
heißt, sich immer neu
um Harmonie bemühen
zwischen Wunsch und Realität …

★ ★ ★

Es wird immer wieder deutlich, wie wichtig soziale Kontakte gerade im Alter sind, vor allem, wenn es sich um Unterstützung und Pflegebedürftigkeit handelt. Nicht alles ist über institutionelle Hilfe – Sozialstationen, Pflegedienste u. a. – zu leisten, und gerade das Leben in Einpersonenhaushalten ist leicht der Gefahr von Isolation und Einsamkeit ausgesetzt. Immerhin sind 47 % aller Haushalte alter Menschen Einpersonenhaushalte.

Gut belegt ist, dass erwerbstätige Frauen im Ruhestand in größere soziale Netzwerke eingebunden sind als Männer – und das ist bei alleinstehenden Frauen noch stärker ausgeprägt als bei verheirateten ehemals erwerbstätigen.

Diese soziale Einbettung hat Auswirkungen auf den jeweiligen Alternsverlauf und ist mitentscheidend, wie die Anpassung an die nachberufliche Lebensphase gelingt. Daneben bleibt es von Bedeutung, welche Aufgaben gefunden werden können, um die veränderte Situation mit neuem Sinn auszufüllen.

In dem anschließenden Bericht erzählt Marianne neben anderem auch von ihren Erfahrungen in diesen beiden Bereichen und gibt Auskunft über Erfolge und Enttäuschungen, die sie dabei erlebt hat.

Marianne braucht ein soziales Engagement

»Mein Leben ist bestimmt dadurch, dass ich alleinstehend gewesen bin, denn ich habe sowohl meinen ersten wie meinen zweiten Mann schon nach kurzer Zeit verloren. Bewältigt habe ich die schweren Zeiten in meinem Leben wohl nur mit meiner sehr strengen preußischen Erziehung, in der es immer hieß: ›Wer will, der kann‹, ›nimm dich zusammen‹, ›Ohren steif halten‹ und was es da noch alles gab.«

Marianne bezeichnet ihren Vater, einen Gutsbesitzer in der Mark, scherzhaft als »der erste Emanze«, der dafür sorgte, dass sie als Tochter eine akademische Ausbildung bekam, was damals auf dem Lande eher untypisch war.

Durchhalten wollen und müssen sind denn auch Lebens-Vokabeln, die noch heute für sie gültig sind.

Inzwischen ist sie 77 Jahre alt und hat erhebliche gesundheitliche Einschränkungen durch eine seltene Hauterkrankung zu bewältigen. Auch mit den Augen gibt es Probleme, so dass sie leider nicht mehr in dem Ausmaße lesen kann, wie sie es gern möchte.

Bei all diesen Einschränkungen aber hat sich ihre Grundeinstellung zum Leben wenig verändert.

»Ich bin zwar etwas vorsichtiger geworden, überschätze auch manchmal meine Kräfte, doch irgendwie macht es mich immer wieder glücklich oder ausgefüllt – wie Sie wollen –, wenn ich habe zupacken können, und wenn mir vielleicht auch nur Zweidrittel von dem gelingt, was ich mir vorgenommen habe«, erklärt sie mir mit leuchtenden Augen.

Was ist es, frage ich mich, was sie sich immer wieder abverlangt, wo sie doch auf ein erfülltes und erfolgreiches Leben, zuletzt als Ministerialrätin im sozialen Bereich, zurückblicken kann; wo sie Großmutter, Mutter und Sohn durchgebracht hat, auch finanziell, so dass wenig Zeit und wohl auch Kraft für ihre ganz eigenen Bedürfnisse übrig bleiben konnte?

Wäre es da nicht verständlich, ihre wohlverdiente Pensionszeit ohne Pflichten und Aufgaben zu genießen?

Für Marianne ist das keine Frage.

»Ich hätte mir zwar nicht vorstellen können, dass ich mich in meiner jetzigen Lebensphase noch so stark engagieren würde, aber wenn mir eine Aufgabe vor die Füße gelegt wird, so muss ich sie einfach aufgreifen ... so war das schon immer in meinem Leben.«

Die erste Aufgabe, die »ihr vor die Füße gelegt wurde«, war die Organisation und Durchführung von Lehrgängen für Frauen, die sich nach ihrer Familienphase beruflich wieder neu orientieren wollten.

»Ich habe ja am eigenen Leibe erfahren, wie schwer es für Frauen ist, Familie und Beruf in Einklang zu bringen. Da fühlte ich mich einfach aufgerufen, diese arbeitsintensive Aufgabe zu übernehmen, die dann acht Jahre andauern sollte. Vorher hätte ich das aus zeitlichen Gründen gar nicht machen können. Auch wenn ich durch meine Ausbildung nicht speziell darauf vorbereitet war, so glaubte ich, für diese Sache einen Sinn zu haben. Und die Tätigkeit hat mich reichlich belohnt: Da gab es wieder eine neue Aktivität, die meinen ganzen Einsatz forderte, und dadurch habe ich den Übergang vom Beruf zur Pensionszeit, der so vielen Probleme macht, kaum gemerkt. Der innere Motor war sicher der, dass ich etwas Sinnvolles tun wollte und dass ich hier die Chance hatte, die vielen Erfahrungen, die mir mein Berufsleben eingebracht hatte, an andere weitergeben zu können.

Unser Team war ein glücklicher Zufall, weil wir uns wunderbar ergänzten. Ich hatte zum Beispiel die Aufgabe, zu wichtigen Verwaltungen und Institutionen Kontakte für eingeplante Praktika herzustellen, wusste aus Erfahrung, dass man dabei oben anfangen muss und nicht unten, wenn man Erfolg haben will. Eine Initiative könnte zum Beispiel zum Scheitern verurteilt sein, wenn man sie nicht richtig angeht ... Solche und andere Erfahrungen konnte ich an Unerfahrene weitergeben – und in diesen Punkten ist dann auch echter Erfahrungsaustausch zwischen älteren und jüngeren Generationen möglich gewesen.«

Im Allgemeinen aber hält Marianne es für äußerst schwierig, eigene Erfahrungen, die man in bestimmten Lebenssituationen macht, annehmbar an andere weitergeben zu können. Gerade in unserer sich »ganz unglaublich schnell wandelnden Zeit« ändern sich für sie auch die Voraussetzungen, in denen Erfahrungen der einen Generation noch für die nachfolgende Generation hilfreich sein können – ja praktikabel sind. Ganz abgesehen davon spielen für sie dabei auch andere Begleitumstände eine wichtige Rolle: zum Beispiel »wie gebe ich weiter«, »wie aufgeschlossen ist der andere« und vieles mehr. Sie hat da so ihre eigenen Erfahrungen gemacht und ist überzeugt, dass viele Konzepte an einer idealisierten Vorstellung über die Möglichkeit des generationsübergreifenden Erfahrungsaustausches scheitern.

»Wir werden ja auch viel älter«, ergänzt sie dazu, »und mir scheint, je länger der Zwischenraum zwischen den Generationen ist, desto schwieriger wird das. Deshalb gehe ich jetzt in ganz andere Bereiche wie beispielsweise die Betreuung alter Menschen.«

Da erfährt sie viel Dankbarkeit, nimmt Freude mit in ihren Alltag zurück und löst viel Freude auch bei den von ihr besuchten »Alten« aus, die meistens im Altenheim leben.

»Alt sein ist nicht immer ein Geschenk«, vertraut sie mir an, »und viele Ereignisse, die in anderen Lebensphasen als normal empfunden werden – Erkrankungen etwa – bekommen jetzt eine andere Bedeutung. Auch die zwischenmenschlichen Kontakte verändern sich ja, was mir schon manchmal zu schaffen macht, vor allem, wenn es sich um jüngere Personen handelt. Es genügt mir schon, wenn man hin und wieder von ihnen hört.«

In diesem Punkt hatte sie lange Zeit bestimmte Erwartungen, vor allem bei den jungen Menschen, meist Studenten, mit denen sie als Mieter in ihrem Haus zusammengelebt hat. Und da hat sie ein offenes Herz gehabt, auch bei Verwandten und Bekannten, vor allem nach der Öffnung der Grenze.

»Ich hätte mich schon über den ein oder anderen anhaltenden Kontakt oder gelegentlich mal ein Zeichen von ihnen gefreut. Aber ich habe die Erfahrung gemacht, dass man sich schnell aus solchen Beziehungen verabschiedet – und heute erwarte ich nichts mehr in dieser Hinsicht.«

Das klingt ein bisschen bitter für mich, und so empfindet sie es wohl auch. Sie hat sich ganz bewusst dazu erzogen, ihre Erwartungshaltung zu korrigieren und freut sich wie ein »Itsch«, wenn etwas kommt, womit sie nicht gerechnet hat.

Bei den Besuchen in den Altenheimen hat sie die Beobachtung gemacht, dass auch die familiären Kontakte häufig sehr spärlich werden, gerade wenn man gut untergebracht ist.

»Wer da glaubt, dass die Kinder dann noch viel Zeit aufwenden oder gar Urlaub oder Wochenenden für längere Besuche opfern, hat sich in den meisten Fällen getäuscht«, sagt sie mit nachdrücklichem Ton. »Und da gibt es auch kaum Unterschiede, ob man im Altenheim oder noch in der eigenen Wohnung lebt. Je älter man wird, desto dünner wird auch die Luft um einen.«

Diese Erkenntnis hat sie dann auch mit angetrieben, sich verstärkt um ältere Freunde, Verwandte und Bekannte zu kümmern. Die soziale Verantwortung ihren Mitmenschen gegenüber nimmt sie sehr ernst – und diese Mitverantwortung würde sie sich von möglichst vielen Menschen, auch Jüngeren, wünschen.

»Das könnte eine große Hilfe für alleinstehende ältere Menschen sein und eine Quelle der Freude für die, die sich dazu bereit fänden«, davon ist sie überzeugt.

Bis vor einem Jahr hat sie drei Jahre lang in der Elternherberge der Medizinischen Hochschule mitgearbeitet. Diese Einrichtung wird von der Baptistischen Kirche betreut, um Eltern schwerstkranker Kinder, die in der Klinik behandelt werden, während des Klinikaufenthaltes ein Zuhause zu geben. Sie war von den Betreuerinnen die einzige, die nicht Baptistin war, hat sich in dieser Gemeinschaft aber stets als gern gesehener Gast empfunden.

»Die Hauptaufgabe bestand darin«, erzählt sie, »dass wir an mehreren Abenden im Monat da waren, um die Eltern in Empfang zu nehmen. Wir waren Gesprächs- und Informationspartner, waren zum Trösten, Zuhören, Lachen und Betreuen da, hatten durch die Anwesenheit auch ein bisschen für einen normalen Ablauf in diesem Haus mit zehn Zimmern, Küche, Bad und so zu sorgen. Es kam auch zu schönen Kontakten, und diese Zeit war für mich eine außerordentlich wichtige und interessante, in vielen Punkten auch schöne neue Erfahrung.«

Als es ihr gesundheitlich nicht gut ging und sie sich einer zeitaufwändigen täglichen Therapie unterziehen musste, hat sie diese Aufgabe abgegeben. Geblieben ist ihre Bereitschaft, Menschen – auch unentgeltlich – vorübergehend bei sich aufzunehmen, die eine zeitlich begrenzte Unterkunft brauchen. In sozialen Fragen kann sie eben schlecht Nein sagen.

Mit dem »Altenbild« im gesellschaftlichen Bewusstsein hat sie so ihre Probleme, und sie berichtet voller Empörung, dass gerade in ihrem Stadtteil eine Bürgerinitiative gegründet worden ist, die sich gegen den Bau eines Altenheims wehrt, weil »der Wohnwert der Gegend dadurch an Wert verlöre«. Und viele andere Beispiele ließen sich aufgrund eigener Erfahrung anführen, bei denen sie allergisch werden könnte …

Sie glaubt auch nicht daran, dass sich das »Altenbild« grundsätzlich verändert, so wie sie den Untersuchungen nicht glaubt, die beweisen wollen, dass es keinen Generationenkonflikt gibt. »Welcher junge Mensch würde denn selbst zugeben, dass er sich gegen Ältere auflehnt«, meint sie dazu und außerdem kann sie sich gut vorstellen, dass die jungen Arbeitslosen in der augenblicklich schwierigen Situation auf dem Arbeitsmarkt, wo Arbeit immer mehr an Maschinen abgegeben wird, es als Affront empfinden müssen, wenn sie dann alte Leute in relativem Wohlstand erleben.

In diesen Äußerungen spiegelt sich für mich sehr deutlich wieder, was Marianne während ihrer letzten Berufsphase im Sozial- und Familienministerium an Einblicken gewonnen und an Erfahrungen gesammelt hat.

Gleich nach ihrer Pensionierung ist sie in ihr eigenes Haus in einer Reihenhaussiedlung zurückgezogen, das sie bis dahin vermietet hatte. Neunzehn Mal hat sie im Laufe ihres Lebens umziehen müssen, nicht zuletzt auch aufgrund ihrer vielfältigen, oft generationsbedingten Berufstätigkeiten nach 1945, eine Zeit, in der Frauen erst allmählich die Chance hatten, einen Platz auch in höheren Positionen im öffentlichen Leben und im Beruf einzunehmen. In ihrem Haus möchte sie bis an ihr Lebensende bleiben, wenn es ihre Gesundheit zulässt.

»Natürlich war in den vielen Jahren meiner Abwesenheit eine entsprechende Distanz zu den Nachbarn entstanden. Als wir damals einzogen, Mutter, mein Sohn und ich, gab es viele junge Familien in unserer Häuserzeile, und die Lebenssituation und auch viele gemeinsame Interessen haben uns miteinander verbunden. Heute sind die Kinder berufs- und familienbedingt weggezogen, die ältere Generation ist zurückgeblieben und hat sich entsprechend eingerichtet. Da ist es schwierig, in gewohnte Lebensrhythmen einzubrechen, was ich dann auch für mich gelernt habe«, bedauert sie.

Sie hat versucht, alte Kontakte neu zu beleben, hat Besuche bei ihren Nachbarn gemacht, sie zu sich eingeladen und auch mit ihnen darüber gesprochen, wie man sich gegenseitig unterstützen könnte mit kleinen Hilfestellungen und dergleichen.

»Ich denke, es wäre eine herrliche Geschichte, wenn sich Formen von doch mehr oder weniger losen Gemeinschaften in irgendeiner Weise bilden könnten mit Distanz, aber auch mit Nähe, wenn man sich braucht. Ich habe versucht, eine Kontaktkette aufzubauen, dass man sich einmal am Tag telefonisch oder durch Klingeln verständigt, damit man beruhigt ist, aber es ist doch nicht durchzuhalten gewesen. Ich vermute, dass man sich nicht binden will – oder vielleicht habe ich mich auch nicht genug dafür eingesetzt, weil ich zwischendurch eben auch viel krank war.«

An diesem Punkt kann ich ihr von einem geglückten Versuch der Nachbarschaftshilfe berichten, den ich gerade kennen gelernt hatte, wo genau das eingelöst wurde, was sie sich vorstellte und zu verwirklichen hoffte. Sie erwägt, weiter an diesem Plan zu arbeiten, um vielleicht doch noch etwas mehr zu erreichen.

Offene Wünsche sind für sie im Augenblick noch die ein oder andere weite Reise, um ihren Horizont zu erweitern. Auch Afrika würde sie gern noch einmal wiedersehen, wo sie als junges Mädchen vor Kriegsausbruch ein Jahr gelebt hat.

»Aber«, schränkt sie ein, »ich bin ja noch sehr gebunden. Man sagt mir immer wieder, warum ich mich so binden lasse, warum ich noch nicht in ein Wohnstift gegangen bin mit einer hübschen Wohnung und schönen Kontakten – aber das ist nicht meine Art. Ich brauche einfach – ich sag's jetzt mal so platt –, um glücklich zu sein, noch Aufgaben.«

Gerade hat sie einen sie unerhört beeindruckenden Vortrag von einer Ordensschwester gehört, die über eine Sterbeklinik berichtet hat.

»Ich würde gerne in einem begrenzten Maße irgendwie dort mitarbeiten, weil ich selbst, wie Sie wissen, den Tod als einen notwendigen Teil unseres Lebens ansehe, den wir wieder zu akzeptieren lernen müssen – vielleicht sogar zu gestalten. Deshalb interessiert mich diese Sterbeklinik auch so sehr. Ich weiß nur, dass ich nicht kontinuierlich mitarbeiten kann, weil es bei mir Phasen gibt, da schaffe ich nicht furchtbar viel. Am Ende des Jahres, in den dunklen Monaten, ist so ein Zeitpunkt, wo ich aufpassen muss. Früher habe ich immer versucht, in der Zeit eine kleine, schicke Reise zu machen, aber heute traue ich mich nicht mehr so weit weg. Trotzdem …es gibt ja auch in der Nähe noch viel Schönes zu entdecken, und wenn auch das nicht mehr geht, versuche ich mich mit irgend etwas zu beschäftigen, was mich erfreut: mal ein gemeinsames Frühstück mit Freunden, ein Theater- oder Konzertbesuch oder so …«

Irgendwann waren wir in unserem Gespräch da angekommen, wo man auch Bilanz zu ziehen versucht. Schließlich spielt die eigene Lebensgeschichte ja für die Ausgestaltung der Altersphase eine wichtige Rolle. Erfolge und Misserfolge, die Bewältigung von unvorhersehbaren Ereignissen in der Vergangenheit oder auch der

Umgang mit Krisenzeiten und deren Auswirkung auf die einzelnen Lebensphasen –, das alles lässt Spuren zurück, die sich auf die Art der Auseinandersetzung mit den Bedingungen und Ereignissen im Alter auswirken. Auch wenn bis heute die Frage noch nicht eindeutig beantwortet ist, inwieweit die Formen der Bewältigung stabil sind oder sich im Verlauf des Lebens – vor allem auch im Alter – ändern, so kann man doch davon ausgehen, dass Menschen im Alter in kritischen Situationen auf Erfahrungen zurückgreifen, die sie in früheren Lebensphasen gemacht haben. Und häufig werden auch typische Reaktionsformen erkennbar, die sich im Verlauf des Lebens herausgebildet haben. Es gibt allerdings ebenso Hinweise darauf, dass ältere Menschen in Belastungssituationen oft dazu neigen, sich anzupassen, auch Unerwünschtes zu akzeptieren oder Erwartungshaltungen zu korrigieren.

Marianne kann das bestätigen und meint, dass ihr oft auch die Kraft dazu fehlt, Konflikte durchzuhalten und eigene Interessen durchzusetzen. Insgesamt fällt ihre Lebensbilanz jedoch recht zufriedenstellend aus:

»Obschon ich nur ganz kurze Zeit in meinem Leben auf Rosen gebettet war, fühle ich mich doch vom Leben beschenkt. Ich habe ein sehr erfülltes Leben gehabt, auch wenn ich hart habe arbeiten müssen und auch stark durch meine zwar sehr verehrte, aber auch recht autoritäre Mutter bis zu ihrem 92. Lebensjahr gebunden war. Wenn ich mir gegenüber ehrlich bin, so hat es auch jahrelang Tiefen gegeben. Einmal – nach einer schweren Hepatitis – habe ich nur durch massive Hilfe eines Arztes mit Aufbautabletten und so wieder aus so einem ›Loch‹ herausgefunden. Im Allgemeinen aber kam ich selbst mit mir zurecht. Dabei hat mir dann immer ein Rezept geholfen, das ich im Laufe meines Lebens entwickelt habe und das auch heute noch gilt: Ich habe mir eine Liste angelegt und mich dabei bemüht, alles, was positiv war, auf die eine Seite und alles, was negativ war, auf die andere Seite zu schreiben. Damit ist es mir dann gelungen, Entscheidungen zu fällen und beispielsweise bei negativem Übergewicht etwas zu ändern. Nach so einer Bilanz wurde damals in der zweiten Ehe die Scheidung beschlossen, und in meiner augenblicklichen Situation hat das dazu geführt, dass ich die Fortführung weiterer Therapiemaßnahmen abgelehnt habe.

Für das Hier und Heute fällt meine Negativ/Positiv-Bilanz positiv aus. Ich habe, wenn auch in einem viel eingeschränkteren Rahmen, ein Leben, in dem ich noch Aufgaben habe; in dem mir die Menschen, die mir wichtig sind, sehr zugetan sind, und es gibt auch welche, die mich noch brauchen. Seit etwa zwei Jahren kann ich mich nicht mehr so auf meinen Körper verlassen – und das ist doch einschneidend. Um so dankbarer bin ich allerdings, dass es Menschen gibt, an die man sich in der Not wenden, deren Verlässlichkeit und Ehrlichkeit man einschätzen kann.«

Angst hätte Marianne vor geistiger Verwirrung, auch würde sie eine totale Abhängigkeit schrecken.

»Aber ich meine, man kann auch manches vorbereiten, und wenn das Vorbereitete so nicht eintrifft, so ist man doch ausgerüsteter, das jeweilige Problem zu bewältigen. Mir ist das im Leben oft so gegangen, dass mir vorweggenommene Auseinandersetzungen mit einem möglichen Problem immer sehr geholfen haben.«

Mit dieser Einsicht steht sie nicht allein da; Untersuchungen bestätigen das.

Vertrauensvoll blickt sie unter diesem Gesichtspunkt auch auf ihre Lebensgeschichte zurück und ist überzeugt, dass die Bewältigung der ihr gestellten Aufgaben ihr zu einer gewissen »Routine« verholfen hat.

Ich denke nach meinem Gespräch mit Marianne an einen Ausspruch Romano Guardinis in seinem Buch »Die Lebensalter«:
»Erst dann, wenn der Mensch sein eigenes Alter lebt, kann dieses auch zu einer Erfüllung werden, und das trotz der Grenzen unseres Lebens«, stelle mir darüber hinaus vor, dass »Begrenzungen« im Sinne von Einschränkungen nicht Verlust bedeuten müssen, sondern auch zur Vertiefung führen können. Bei Marianne habe ich das sehr stark empfunden.

★ ★ ★

Der Übergang in den Ruhestand löst bei vielen eine Unruhesituation aus, die oft auch zu Verunsicherungen und persönlichen Krisenzeiten führen kann.

Psychologisch gesehen gehört die Bewältigung dieses Zustandes zu den typischen »Entwicklungsaufgaben«, die sich uns im Laufe unseres Lebens stellen.

Für viele ist nicht die Pensionierung an sich problematisch, sondern vielmehr das Annehmen der Entdeckung, für bedeutungslos gehalten zu werden, kann man in der Fachliteratur nachlesen. Dazu

kommt, dass in wichtigen Lebensbereichen eine »Umstrukturierung verlangt wird, die Ursula Lehr folgendermaßen auflistet:
- im Tagesablauf, der bislang durch Berufstätigkeit und Freizeit rhythmisiert wurde;
- im sozialen Feld durch den Verlust gewohnter und die Übernahme neuer Rollen;
- im familiären Bereich durch eine neue Organisation der Kontakte und der Aufgabenverteilung;
- im ökonomischen Bereich durch eine mehr oder minder große Veränderung finanzieller Ressourcen;
- im Selbstbild durch das Akzeptieren der »Altenrolle«.

Für die Anpassung an diese Lebensphase ist es mitentscheidend, inwieweit es noch Ziele gibt, die von Bedeutung sind: grundsätzliche Zukunftsorientierungen in Bezug auf die Ausgestaltung der privaten Sphäre, Sozialkontakte, gemeinsame familiäre Aktionen, Freizeitgestaltungen und anderes mehr. Manchmal finden sich in diesem Kanon auch Unternehmungen, die man sich für den Ruhestand aufgehoben hat, weil sie einen gesteigerten Einsatz verlangen. Dabei handelt es sich dann oft um nachgeholte Studiengänge, vernachlässigte Hobbys, den Ausbau vorhandener Begabungen im kreativen Bereich und auch politisches oder soziales Engagement in Vereinen und Verbänden.

Für Menschen mit solchen Interessen ist die Möglichkeit des Vorruhestandes, der seit einigen Jahren genutzt werden kann, eine willkommene Einrichtung.

Heinz entdeckt seine kreative Seite

Die Chance des Vorruhestandes hat Heinz für sich wahrgenommen, auch wenn er erfolgreich und gern in seinem Beruf gearbeitet hat.

Als Ingenieur im Planungsbereich konnte er weitgehend frei entscheiden, was auch einen großen Spielraum für die eigene Kreativität beinhaltete. Dann kam es in seinem Betrieb zu unerwarteten strukturellen Veränderungen, die eigene Entscheidungsfreiheit wurde erheblich eingeschränkt, das Arbeitsklima verschlechterte sich zunehmend, ein Stellenabbau war nicht mehr abzuwenden.

Für Heinz stellte sich die Frage, ob er diese Umwälzungen mitmachen oder von der Möglichkeit Gebrauch machen wollte, in den Vorruhestand zu gehen.

Ehe er sich dazu entschloss, hat er sich gründlich mit den positiven wie negativen Seiten dieser Umstellung auseinandergesetzt; hat abgewägt, was sowohl im ökonomischen Bereich wie auch für die Lebensqualität für Konsequenzen entstehen würden. Mitentscheidend war dann die Überlegung, wie viel Zeit ihm für neue Ziele und Aufgaben denn überhaupt noch bleiben würde.

»Man plant sein eigenes Leben – und diese Lebensphase möchte ich schon bewusst mitgestalten. Schließlich hängt meine eigene Zufriedenheit davon ab, wie ich mit meiner Zeit umgehe«, erklärt er dazu.

Seine Frau, einige Jahre jünger als er, hat sich noch nicht aus dem Berufsleben zurückgezogen. Zu Beginn von Heinz' Pensionierung gab es auch einige Verstehensschwierigkeiten, weil das Zeitkonto bei ihnen beiden unterschiedlich ausgefüllt war. Aber sie haben ihre jeweiligen Entscheidungen respektiert und können heute gut damit zurechtkommen. Heinz hat von vornherein daran gedacht, etwas Kreatives zu machen, auch wenn er noch keine konkreten Vorstellungen hatte. Zunächst gab es im eigenen Haus so viel zu tun, was vorher liegengeblieben war, dass ihm die Zeit knapp wurde und an anderes nicht zu denken war. Erst nach einem guten Jahr waren die wichtigsten Arbeiten erledigt, und er konnte sich seinem bevorzugten Interesse, dem Malen, zuwenden. Dabei stellte sich dann schnell heraus, wie sehr ihn dieser Bereich fesselte – und er stieg voll ein.

Was er anfasst, tut er richtig und ganz. Auch hier blieb es nicht bei Gelegenheitsunternehmungen, sondern er systematisierte seine Arbeit, fand schnell einen neuen Tagesrhythmus – und der Erfolg bleibt nicht aus.

Heinz macht Kreativurlaube mit, beteiligt sich an Ausstellungen jeglicher Art, bietet seine »Kunstprodukte« an. Sogar auf dem Flohmarkt hat er bisweilen Aquarell-Postkarten oder auch kleine Aquarelle verkauft, aber inzwischen gibt es auch schon einen relativ zuverlässigen Abnehmerkreis.

Die schöpferische Ausdrucksfähigkeit und der Erwerb von »Kompetenzen« hebt sein Selbstgefühl und stimuliert ihn ungemein, immer neue Techniken kennen zu lernen und anzuwenden.

Seine ursprüngliche Lust auf Reisen ist dadurch ein wenig zurückgegangen, was allerdings auch damit zusammenhängt, dass seine Frau ja noch im Berufsleben steht. Aber – »man muss auch nicht immer auf Achse sein«, hat er inzwischen für sich erkannt.

»Die Bequemlichkeit der häuslichen Umgebung gewinnt mehr und mehr an Reiz für mich. Dabei muss man sich allerdings ganz schön selbst disziplinieren, um einen vernünftigen Tagesablauf zu finden, denn in der Berufsphase wurde man ja mehr oder weniger organisiert, zumindest, was den zeitlichen Ablauf bestimmte.«

Und er bekennt, dass ihm dieser Punkt bei seiner Umstellung am meisten zu schaffen gemacht hat.

»Die Versuchung ist groß, sich einfach gehen zu lassen – aber am anderen Ende der Leiter steht dann die Unzufriedenheit«, meint er lakonisch. »Für mich ist der Tag erst dann sinnvoll, wenn ich sehe, was ich geschafft habe. Ich bemerke auch bei vielen meinesgleichen, dass die einfach nicht in die Gänge kommen – und das Ergebnis ist dann, dass sie oft durchhängen.«

Die Beschäftigung mit dem Malen hat ihm auch viel über sich selbst verraten:

»Meine Begeisterungsfähigkeit ist enorm gewachsen. Ich sehe die Natur auch jetzt mit ganz anderen Augen ... rieche, fühle, höre ganz anders ... verrückt, nicht? Oft nehme ich den Zeichenblock mit, wenn ich zu Fuß oder mit dem Rad unterwegs bin, fülle meinen Kopf mit neuen Ideen und kann es manches Mal nicht erwarten, diese Ideen auch umzusetzen. Dabei ist es unwichtig, was dann herauskommt, denn es gelingt längst nicht immer, das aufs Papier zu bringen, was einem vorschwebt«, hat er erkannt. »Für mich ist es spannend, wie sich etwas auf dem Papier entwickelt, und deshalb werden meine Versuche wohl auch immer abstrakter.«

Ob er sich wieder so entscheiden würde, frage ich ihn. Und er antwortet, fast verständnislos für meine Frage, dass sein Leben eine andere Dimension erhalten habe.

»Aber vergleichen lassen sich diese unterschiedlichen Lebensqualitäten eben doch nicht. Natürlich ist es schön, sich mit Dingen beschäftigen zu können, die frei von beruflichen Sorgen sind – aber dafür gab es im Beruf wieder andere Prioritäten, die mich voll beansprucht und auch ausgefüllt haben. Da habe ich keine Defizite empfunden, denn ich bin mit den interessantesten Tätigkeiten in meinem Berufsfeld bestens zurechtgekommen. Alles hatte und hat seinen Platz. Im Augenblick hat mich die Beschäftigung mit dem Malen stark im Griff, aber es gibt auch sonst noch viel, was ich zusammen mit meiner Frau unternehme ... Reisen, Sport ... und eben das alltägliche Zusammenleben, das bei uns einen wichtigen Platz einnimmt. Und im übrigen möchte ich mich gar nicht festlegen, wie sich mein weiteres Leben gestalten wird ... Ich denke, dass ich bei einschneidenden Veränderungen, vor denen sich ja niemand schützen kann, auch einen guten Weg für mich finden werde.«

Helga findet einen neuen Zugang zu ihrem Mann

Altern in dem positiven Sinn des Reifens gelingt dort, wo die mannigfachen Enttäuschungen und Versagungen, welche das Leben dem Menschen in seinem Alltag bringt, weder zu einer Häufung von Ressentiments, von Aversionen oder von Resignation führen, sondern wo aus dem Innewerden der vielen Begrenzungen eigenen Vermögens die Kunst zum Auskosten der gegebenen Möglichkeiten erwächst.
(Aus einer Vortragsveranstaltung von Prof. Ursula Lehr)

Nicht nur der Übergang vom Berufsleben in die nachberufliche Phase führt zu einem Rollenverlust und verlangt einen Umstellungsprozess, auch für »Familienfrauen« wird die Situation des »leeren Nests« zu einem einschneidenden Ereignis.

In Zukunft wird sich dieser Zustand immer häufiger zu einem späteren Zeitpunkt einstellen, und es werden sich immer mehr Mütter bereits in der »Altersphase« befinden, wenn die Kinder das Haus verlassen.

Das liegt wohl mit daran, dass Kinder häufig später im Lebenslauf der Frauen geboren werden und dass vor allem die Söhne zunehmend länger im Elternhaus bleiben und dort auch versorgt werden, was der »Jugendbericht 1994« belegt.

Die Umstellung auf die veränderte häusliche Situation, der Ablösungsprozess von den Kindern gelingt um so leichter, wenn Frauen sich nicht überwiegend vom Entwicklungsverlauf ihrer Kinder abhängig gemacht haben, wenn sie eigene Interessen aufbauen konnten oder gar berufstätig sind. Von besonderer Bedeutung ist auch, inwieweit sie in einer befriedigenden Partnerschaft leben.

Helga, Pfarrersfrau und Mutter von zwei Söhnen, hat diesen Prozess folgendermaßen erlebt:

»Ich habe schon mit 21 Jahren – mein Mann war damals 31 Jahre alt – geheiratet. Als dann die Kinder kamen, da habe ich meine ganze

Liebe auf die Kinder gerichtet. Für mich war das eine sehr schöne und ausgefüllte Zeit.

Für meine beiden Söhne war das allerdings manchmal auch ein bisschen zu viel der Sorge – aber heute verstehen sie das. Mein jüngster Sohn hat mir auch mal ein Buch geschenkt mit dem Vermerk: Ich danke dir für die schöne Jugendzeit, die du uns bereitet hast.

Das war für mich sehr wichtig, gerade weil ich durch meine Lebensgeschichte sehr verwundbar geworden war in Bezug auf Kritik.

Als meine Kinder damals aus dem Haus gingen, war da zunächst ein sehr großes Loch. Dieses Gefühl der Leere hat sicher ein halbes Leben lang angehalten. Ich habe versucht, diese Leere mit mehr Besuchen beim Diakonischen Werk auszufüllen – das hatte ich immer schon gemacht –, aber dadurch hat sich wenig verändert.

Mein Mann hatte für meine damaligen Gefühle kein Verständnis, denn er hat diese Leere nicht empfunden. Er hat ja auch die Kinder nicht so intensiv erlebt, sich nicht so viel mit den Kindern beschäftigt – und ich möchte sagen, ein Mann denkt da auch anders.

Es fällt mir schwer, dieses Gefühl der Leere näher zu beschreiben. Da war niemand mehr, den ich umsorgen musste … der ganze Alltag war anders geworden. Es waren zunächst nur äußerliche Dinge, die mir gefehlt haben – und dann die ganzen Gespräche, die ich mit meinen Söhnen hatte: alles, was sie bedrückte; was negativ, was positiv war; die Auseinandersetzung mit den schulischen Dingen … das alles hat mir gefehlt. Ich hatte plötzlich keine Verantwortung mehr.

Meine Söhne waren jeweils 20, als sie aus dem Hause gingen, und der ganze Ablösungsprozess hat ziemlich lange gedauert, eh' ich sie loslassen konnte, weil ich auch sehr in Sorge um sie war. Beim Ältesten habe ich es am meisten gespürt. Er fand sein Studienfach nicht … und mit ihm habe ich immer große Kämpfe gehabt. Vielleicht sind wir uns auch ein bisschen ähnlich.

Man gibt ja Kinder nicht automatisch ab, wenn sie das Haus verlassen. Die innere Ablösung, die da erfolgt, braucht viel Einsicht … Verzicht auch, da sie ja ihren eigenen Weg gehen müssen. Das zu akzeptieren erfordert einen großen Lernprozess. Ich denke, das ist vor allem dann schwer, wenn sie ihr Leben so ganz anders ausrichten, als man sich das vielleicht gewünscht hätte. Aber … das muss man lernen!

In dieser Phase hat mir mein Mann sehr geholfen, denn natürlich fragt man sich, was man falsch gemacht hat. Wir sind zu dem Ergebnis gekommen, dass wir nach Wissen und Gewissen das beste getan haben. Keine Erziehung ist optimal – das gibt es ganz einfach nicht –, und jeder hat das Recht, sein eigenes Leben zu leben. Mein Mann hat mich dann überzeugt, dass ja wir beide zusammenleben müssen, dass die Kinder auch nicht mehr im Vordergrund stehen dürfen und können.

Es ist wohl oft so, dass sich ein Mann schnell beiseitegeschoben fühlt, wenn Kinder da sind, und ich denke, das muss man ausgleichen, bevor es eines Tages zu spät dazu ist. Natürlich hat es auch bei uns Reibungspunkte durch unterschiedliche Erziehungsstile gegeben, aber nachdem die Kinder dann aus dem Hause waren, sind wir wieder näher zusammengerückt.

Ich muss bekennen: Ich freue mich heute, wenn die Kinder kommen, doch ich bin so weit, dass ich mich auch freue, wenn sie wieder wegfahren.«

Ich spüre die Resignation, mit der sie das sagt, und fast entschuldigend fährt sie fort:

»Ich merke doch, dass die Harmonie nicht mehr so da ist, wie sie es früher war. Die Lebensauffassungen haben sich vollkommen verändert ... es sind ja andere Menschen geworden. Ich erkenne zwar charakterliche Eigenschaften wieder, aber der Lebensstil hat sich ganz und gar verändert.

Deswegen würde ich auch nie mit meinen Kindern zusammenleben wollen; auch nicht in einem Hause. Ich meine, dass die Reibungen, die dabei entstehen würden – jedenfalls in meinem Fall – zu tiefen Konflikten führen könnten.

Ich habe gelernt, meinen Mund zu halten, wenn mir etwas nicht passt – und das hat geholfen. In vielen Fällen haben wir ja sonst stundenlang debattiert. Das war dann jeden Sonntag bei unseren Zusammentreffen der Fall, wobei sich mein Mann allerdings diesen Diskussionen entzogen hat. Er hat sich verweigert! Diese Situation hat sich erst verändert, als wir unseren Wohnort wechselten und räumliche Distanz entstanden war.

Ich muss sagen, dass in mir doch auch eine gewisse Traurigkeit zurückgeblieben ist. Stückchen für Stückchen sich voneinander entfernen – das tut weh! Man denkt, alles ist umsonst gewesen ... und was ist geblieben, was ist dabei rausgekommen? Das war eine harte Zeit für mich, aber heute ist das anders. Damals habe ich mir oft

Vorwürfe gemacht, habe auch gedacht, ich sei zu nachgiebig gewesen; meinte, im Freundeskreis habe sich alles viel besser geregelt, bis ich dann sah, dass es da viel größere Probleme gab, weil jeglicher Kontakt zu den Eltern abgebrochen war.

Die wenigsten Menschen sprechen ja über persönliche Dinge. Nur dann, wenn nichts mehr zu verbergen ist, werden die Herzen geöffnet.

Heute äußern sich unsere Kinder zu meinem Erziehungsverhalten sehr positiv, weil ich beispielsweise Entscheidungen immer mit ihnen zusammen getroffen und sie schon als Kinder ernst genommen habe.

Rückblickend muss ich sagen, dass es ein schwer zu bewältigendes Ereignis im Leben ist, Kinder wirklich loszulassen. Ich weiß, dass man das kaum leisten kann, bei aller Distanz, die möglich ist. Ich bin jeden Tag mit meinen Gedanken bei ihnen, bleibe innerlich sehr mit ihnen beschäftigt. Es bleibt eine unsichtbare Nabelschnur erhalten – und wer gibt schon die Sorge für die eigenen Kinder ganz ab?

Letztlich wird man immer für sie da sein, wenn es ihnen mal schlecht gehen sollte ... Aber eine Rückkehr ins Elternhaus hielte ich nicht für gut. Ich glaube, man ist dann immer wieder Mutter und versucht, Einfluss zu nehmen.

Und das ist für beide Teile nicht gut. Anders ist das, wenn man um Rat gefragt wird. Und das passiert immer häufiger, je älter sie werden.

Wir haben einmal in der Woche Telefonkontakt miteinander, den ich auch wichtig finde. Gemeinsame Urlaube machen wir nicht mehr; mal zwei, drei Tage Zusammensein zum Geburtstag oder so, aber sonst lebt jeder ohne Groll sein eigenes Leben.

Dass ich das heute akzeptieren kann, verdanke ich zum großen Teil dem Buch von Erich Fromm ›Die Kunst des Liebens‹, das mir echte Hilfe gegeben hat, das Verhältnis zu meinen Kindern zu überdenken und auch meinen Mann besser verstehen zu können.

Heute freut sich Helga, wenn die Söhne aus eigener Initiative zu Besuch kommen, aber sie würde sie niemals bedrängen. Zum Betteln ist sie zu stolz , und sie hält nichts von moralischen Verpflichtungen.

»Dabei geht vieles schief«, deutet sie an, »und das möchte ich auf keinen Fall. Ich hoffe, dass es nie dazu kommt, dass die Besuche aufhören. Wir jedenfalls werden uns bemühen, nichts zu sagen oder ins Spiel zu bringen, was das bewirken könnte. Also, da pass ich sehr auf ... und wir haben doch auch gar nicht das Recht, über ihren Lebensstil zu urteilen, ob uns der nun gefällt oder nicht.«

Helga hat es geschafft, diese Umbruchszeit mit innerem Gewinn zu bewältigen; hat auch den richtigen Weg gefunden, sich nach der Pensionierung ihres Mannes positiv auf die veränderten häuslichen Bedingungen einzustellen.

»Es fing etwas Neues an«, verrät sie mir. »Wir haben uns nach Familienphase und Berufsleben stärker aufeinander zu bewegt; vieles wieder gemeinsam gemacht, was vorher aus zeitlichen Gründen oft nicht möglich war. Dazu kam, dass wir auch unseren Wohnsitz gewechselt haben, und somit sind die Kontakte zu Freunden und Bekannten anders geworden – allein schon durch die räumliche Entfernung bedingt.

Die Umstellung von Berlin nach Franken ist uns nicht schwer gefallen. An unserem neuen Wohnsitz haben sich kaum tiefere freundschaftliche Kontakte entwickelt, aber ich vermisse diese Veränderung nicht so sehr. Wirkliche Freundschaften sind doch – über die Trennung von Berlin hinaus – geblieben.

Ich denke überhaupt, dass man im Alter nicht mehr viele neue Freundschaften schließt. Und ich bin ohnehin ein Mensch, der nicht schnell auf andere zugeht; ich lasse Menschen lieber auf mich zukommen. Vielleicht ändert sich das mal, sollte ich allein sein ... aber ich kann das nicht so genau einschätzen.«

Helga lebt ihr Leben sehr bewusst, abgeklärter als vorher, und sie ist wohl auch zufriedener geworden als früher.

»Ich denke, es ist ganz wichtig, dass man nicht immer nach oben guckt, sondern dass man das annimmt, was man hat. Und negative Dinge muss man hinnehmen, wenn sie sich nicht ändern lassen.«

Dankbarkeit empfindet sie vor allem darüber, dass sie eine gute Partnerschaft mit ihrem Mann hat. Die Grundlage dazu war von Anfang an gelegt, weil es zwischen ihnen viele Gemeinsamkeiten grundsätzlicher Art gab. Aber sie haben auch immer an ihrer Beziehung gearbeitet.

Natürlich gibt es durchaus auch kontroverse Gespräche zwischen ihnen, »man kann ja nicht immer einer Meinung sein, aber solche Diskussionen werden in einem vernünftigen Rahmen ausgetragen.« Sie legt großen Wert darauf, dass eine unbedingte Ehrlichkeit zwischen ihnen da ist. Das ist ihre Natur, und deshalb spricht sie zum Beispiel auch Verhalten, das sie stört, an – spricht auch ihren Mann an, wenn sie bei ihm etwas in dieser Art wahrnimmt, weil er das von sich aus nicht tut.

»Man kennt sich doch, sieht am Gesichtsausdruck sofort, wenn dem anderen etwas nicht passt ... im Laufe der Jahre wird man sensibler für so etwas. Ich glaube, dass wir uns diese Offenheit nur deshalb ›zumuten‹ können, weil wir uns gegenseitig voll angenommen fühlen. Das ist vielleicht unser Geheimnis ... In der Sexualität hat sich natürlich auch was verändert. Der große Sturm ist weg, dafür hat die Zärtlichkeit zugenommen. Aber – das ist kein Abbruch und kein Verlust«, bekennt sie offenherzig.

Seit der Pensionierung nehmen sie verstärkt Bildungsangebote wahr, machen interessante Studienreisen, um den Horizont zu erweitern und neue Menschen kennen zu lernen; leben ihre Interessen in Kunst, Literatur und Musik gemeinsam aus.

»Da sind wir nicht auseinander zu dividieren, was ich gerade im Alter ganz wichtig finde. Wenn man ganz auf sich angewiesen ist, merkt man das besonders.«

In jüngster Zeit sind nun bei ihrem Mann gravierende gesundheitliche Veränderungen eingetreten. Große Spaziergänge, Bildungsreisen etc. sind körperlich nicht mehr möglich, aber danach richtet sie sich auch gerne ... aus Liebe zu ihrem Mann fällt ihr das nicht schwer.

»Ich bin dankbar für die 40 Jahre an seiner Seite in Harmonie. Auseinandersetzungen bin ich nicht ausgewichen, aber es kam immer darauf an, wie wichtig mir das war – ich musste mir gegenüber ehrlich bleiben und durfte mir nicht untreu werden.«

Im alltäglichen Ablauf hat sich für sie beide wenig verändert. Ihr Mann arbeitet vereinzelt auch ehrenamtlich noch weiter, nimmt Gottesdienste an, macht Krankenbesuche ... und für die geistige Frische übersetzt er Teile aus der hebräischen oder griechischen Bibel. Der Tag wird ihm nicht lang. Sie lesen viele Bücher gleichzeitig, sprechen dann gemeinsam auch darüber, und sie weiß:

»Das ist nicht selbstverständlich, dass uns das gelingt. Es ist immer wieder ein neues Anlaufnehmen und Aufarbeiten ... aber immer auch eine Bereicherung.«

Dabei ist sie die Aktivere – ist sie immer gewesen – aber ihr Mann macht dann auch mit und erkennt das dankbar an.

»Sehr alt möchte ich nicht werden«, bekennt sie zum Schluss. »Ich denke, es wird nichts besser. Man nutzt sich ab, man versteht die Zeit nicht mehr – auch wenn ich das jetzt noch gut zusammenbringe. Ich sehe, und das ist auch richtig so, dass jede Generation ihre eigenen Maßstäbe hat. Wenn ich beispielsweise zurückdenke an die 50er-Jahre ... meine Jugendzeit ist eine ganz konservative gewesen, was mir eigentlich jetzt erst zum Bewusstsein kommt, wenn ich alte Filme sehe oder was darüber lese. Ich merke, wie sehr sich doch die Lebensstile, Wertmaßstäbe und so weiter verändert haben. Und ich möchte sagen, wenn ich jetzt noch zehn oder 20 Jahre älter werden sollte, dann bringe ich das gar nicht mehr auf die Reihe. Wer weiß schon, was mit einem wird ...

Ich fürchte mich ein wenig vor körperlichem, aber noch mehr vor einem geistigen Verfall. Die Angst, die ich dabei habe, ist die, eventuell einmal abhängig zu werden. Der Gedanke, jemandem zur Last zu fallen, ist mir unerträglich! Ich habe oft mit meinem Mann über diese Ängste gesprochen, doch das versteht er nicht, weil er die Angst nicht hat.«

An dieser Stelle merke ich, wie sehr die Erfahrungen aus ihrer Jugendzeit in ihr verhaftet geblieben sind, in der es kein Familienleben und kein Elternhaus für sie gegeben hat. Krieg, Flucht, Tod der Eltern, unliebsame Aufenthalte bei Verwandten, Entfremdung von den Geschwistern, die überall verstreut untergebracht waren ... Und wo sie auch war, hat sie sich als Last empfunden, als eine ungeliebte Person und überflüssig, was wohl auch dazu geführt hat, dass sie bis heute immer noch sehr zurückgezogen lebt.

Doch inzwischen kann sie mit diesem Abschnitt ihrer Lebensgeschichte umgehen, auch wenn das »soziale Netzwerk im Familienbereich ein Loch hat«.

Die wichtigste Leitlinie in ihrem Leben war das Christentum und vor allem die Leitfigur Martin Luther.

»Dieser Mann war für mich ein ganz großes Vorbild. Er ist unerschrocken gewesen, ist durch alle Fährnisse gegangen und hat das gelebt, wofür er gestanden hat: die Aufrichtigkeit. Danach habe ich zu leben versucht – ich betone versucht –, denn es gelingt einem ja nie ganz.

Mein Glaube aber hat mir gerade in den schwierigsten Situationen meines Lebens geholfen, sonst hätte ich das alles nicht durchstehen können. Ich habe mich immer wieder unterstützt und aufgehoben gefühlt, und ich vertraue darauf, dass das auch in Zukunft so weitergeht.

Ich denke, dass man sich im Alter noch erheblich weiterentwickeln kann, und für mich besteht das Ziel darin, noch gelassener zu werden und alles in Ruhe betrachten zu können. Man muss mit der Zeit sehr sorgsam umgehen ...«

Helga macht auch wieder Altenbesuche, weil es ihr ein inneres Bedürfnis ist, anderen eine Freude zu bereiten. Zu älteren Frauen hat sie ohnehin ein besonderes Verhältnis, vielleicht, weil sie ihre Mutter nicht gekannt und immer sehr vermisst hat.

Wir haben uns noch lange und intensiv über Glaubensfragen unterhalten, haben auch intimere Bereiche berührt, als das allgemein vielleicht üblich ist, und ich habe für mich viel mitgenommen, was mich zum Weiterdenken veranlasst hat.

Nach dem Gespräch kam mir ein Ausspruch Albert Schweitzers in den Sinn:

»*Du bist so jung wie dein Glaube, so alt wie dein Zweifel, so jung wie dein Selbstvertrauen, so alt wie deine Furcht, so jung wie deine Hoffnung ...*«

★ ★ ★

Auch wenn jede Mutter das Selbstständigwerden ihrer Kinder auf ihre ganz spezifische Weise erlebt, so ist doch allen diesen Prozessen gemein, dass das Ende der aktiven Mutterrolle einen Einschnitt in der eigenen Biografie bewirkt.

Viele empfinden die neugewonnene Freiheit als Chance oder auch als Herausforderung, ihr Leben mit neuen Inhalten zu füllen, ja, eventuell wieder berufstätig zu sein.

Einige versuchen frühzeitig, durch Reflexion ihrer Lebenssituation die eigene Identität neu zu bestimmen und finden häufig eine neue Wertorientierung für sich heraus.

Über viele Jahre habe ich solche Prozesse mitverfolgen können, indem ich an einem Lehrangebot beteiligt war, das Frauen nach der Familienphase eine Hilfestellung zur Neuorientierung sein sollte. In diesen drei- bis viermonatigen Lehrgängen gab es die Möglichkeit, sich mit juristischen, psychologischen, sozialen und pädagogischen Fragestellungen und Inhalten zu beschäftigen, um den eigenen Standort selbstkritisch zu überdenken und zukunftsorientierte Pläne entwerfen zu können.

Für mich ist das ein Paradebeispiel gewesen, wie man sich auf eine nachfolgende Lebensphase vorbereiten kann. Und es gab erfreulich viele Aktivitäten, die sich daraus entwickelt haben: Einige sind erneut in ihren Beruf eingestiegen, andere haben ein Studium begonnen, Teilzeitbeschäftigungen oder ehrenamtliche Tätigkeiten angenommen. Aber es gab auch viele, die für sich herausgefunden hatten, ihr Leben in gewohnter Weise fortführen zu wollen, nur dass sie jetzt in neugewonnener innerer Freiheit bewusster damit umgingen. Ich meine, dass auch die zunehmend angebotenen Kurse für Ruhestandsvorbereitung für viele Männer wie Frauen eine wichtige Orientierungshilfe sein könnten, um die dritte Lebensphase sinnerfüllt und im Einverständnis mit sich selbst zu erleben. Schließlich sind es gravierende Veränderungen, die diesen Umstellungsprozess bedingen.

Annette Niederfranke weist auf einige wichtige Punkte hin:
- Frauen wie Männer, Paare wie Alleinstehende haben feste, gesellschaftlich anerkannte Platzzuweisungen und Lebensräume verloren;
- Zentrale Lebensbezüge des Identitätserlebens sind nicht mehr vorhanden;
- Der Alltag wird nur noch in geringem Maße durch äußere Anforderungen strukturiert;
- Altersbilder und Altersstereotype bestimmen nicht nur das Verhalten älteren Frauen und Männern gegenüber, sondern weisen ihnen auch bestimmte Plätze in der Gesellschaft zu.

In diesem Zusammenhang ist es interessant festzustellen, dass Frauen eher auf ehrenamtliche Tätigkeiten verpflichtet werden, während Männer durchaus noch Schlüsselpositionen im politischen Bereich oder in Interessenvertretungen zugestanden werden, und dabei nimmt sich kein Bereich aus. Es gilt, Einschränkungen zu akzeptieren, Herausforderungen und Chancen zu erkennen und eigene Potenziale in Aktivitäten umzusetzen ... wobei es sich gerade in diesem Punkt immer wieder erweist, wie schwer sich viele tun, diese Hürde zu nehmen.

So, wie es Verunsicherungen beim Eintritt in die nachberufliche Phase gibt, so erleben viele diesen Einschnitt auch als erste Gelegenheit, einen Lebensabschnitt ganz nach eigenen Wünschen einrichten zu können, Vorstellungen zu verwirklichen, die durch die Inanspruchnahme im Berufsleben nicht ausgelebt werden konnten. Oft wird das sogar als Befreiung empfunden, da ja nun die Belastung durch auferlegte Pflichten, die Bürde der Verantwortung und nicht selten auch der Konkurrenzkampf mit seinem zermürbenden Kräfteverschleiß entfällt.

Je nachdem, wie bewusst das Berufsende vorbereitet worden ist, wird dann der Übergang erlebt und gestaltet. Auch der Grad der Berufszufriedenheit, der gesundheitliche Zustand, die familiäre Situation sowie freundschaftliche Verbindungen haben einen großen Einfluss auf das, was in dieser Lebensphase möglich und verwirklicht wird.

Werner fühlt sich befreit von allen Pflichten

Wir können den Nachmittag des Lebens nicht nach dem selben Programm leben wie den Morgen.

(C. G. Jung)

Aber:

Alt sein ist eine herrliche Sache, wenn man nicht verlernt hat was Anfangen heißt.

(Martin Buber)

Für Werner ergab sich durch die Pensionierung ein ersehnter Freiraum: Endlich fand er Zeit und Muße für die Musik – eine Liebhaberei, die ihn durch das ganze Leben begleitet hat. Werner ist jetzt 82 Jahre alt, fühlt sich bei bester Gesundheit und sagt, dass es ihm insgesamt recht gut geht. Auch finanziell gibt es keinerlei Einschränkungen, »dafür habe ich ja auch ein ganzes Leben lang hart als leitender Chemiker in der Großindustrie gearbeitet.«

Ich meine, dass mir so viel Vitalität in seiner Altersstufe selten begegnet ist, und er erwidert mit leicht schmunzelndem Unterton: »Das Altern hängt davon ab, wie's angefangen hat. Schon als Student habe ich meinen Körper so gestählt, wie es besser nicht ging. Es ist wichtig, ja mitentscheidend – auch im Beruf – dass man körperlich fit ist. Durch dieses Körpertraining bildet sich nämlich auch ein Durchhaltevermögen aus – und eine eiserne Disziplin!

Im Berufsleben hat mir gerade diese Erfahrung sehr geholfen. Wenn es mal hart auf hart geht, muss man dazu in der Lage sein, Schwierigkeiten zu überwinden.«

Im Rudersport, beim Rennen, hat er das vor allem gelernt … neben dem Gemeinschaftsgefühl im Team, das auch sehr wichtig war. Noch heute ist er fast täglich mit dem Fahrrad unterwegs, fordert sich auch bei schlechtem Wetter und mutet sich längere Touren zu.

Ein wichtiger Meilenstein für das Geheimnis seiner Jugendlichkeit?

Nicht nur, glaube ich, denn daneben gibt es noch die Beschäftigung mit der Musik, die für ihn so etwas wie ein Lebenselixier ist.

»Musik habe ich immer schon gemacht«, ergänzt er dazu. »Ich hatte das Glück, dass in meinem Elternhaus musiziert wurde. Schon in der Schule habe ich im Schulorchester mitspielen dürfen, habe auch in der ersten Zeit des Krieges meine Geige immer dabei gehabt … praktisch ist meine Geige mit mir durchs Leben gegangen. Später, während des Berufslebens, habe ich immer wieder Unterricht genommen – und das war auch wichtig und hat mich dazu befähigt, mein ganzes Leben hindurch Kammermusik zu machen. Nebenbei habe ich auch im Werksorchester mitmusiziert.

Wie ich das alles geschafft habe, frage ich mich heute auch, denn der Beruf war hart! Ich war viel im Ausland, und wenn ich dann zurückkam, bin ich immer sofort wieder an die Geige gegangen. Und die Geige hat einen großen Einfluss auf mein Leben gehabt; war ein Ausgleich bei der Härte des Berufslebens und hat zum Erhalt des emotionalen Gleichgewichts beigetragen. Gerade in der Kammermusik wird Kreativität verlangt und gefördert, man muss immer neu gestalten. Deshalb begeistert mich das auch heute so sehr!«

Aus schweren Lebenssituationen hat er für sein Leben gelernt, sich durchzubeißen. Besonders nach dem Kriege gab es so eine Zeit für ihn.

»Nie aufzugeben ist ja etwas ganz Wichtiges«, erklärt er mir dazu. »Und da bleiben manchmal auch gewisse Prinzipien auf der Strecke. In Notzeiten muss man abwägen, ob man etwas machen kann oder nicht. Da gibt es Konstellationen, die anders sind als in ›normalen Zeiten‹. Wenn man aber solche Zeiten meistert, ist das auch ein Lebenskapital, auf das man zurückgreifen kann … denn man hat ja überstanden!«

Neben der Familie, dem Beruf und der Musik ist er später dann auch noch Numismatiker geworden, hat sich in das Wissen über Münzen eingearbeitet und ist davon fasziniert.

Die Familie hat an der Musik teilgenommen, denn nach dem Musizieren gab es immer auch – und gibt es heute noch – ein nettes Beisammensein. Das gesellige Leben war dadurch sehr lebendig.

Als Numismatiker war er natürlich ganz auf sich gestellt. »Aber man lässt sich da von den Münzen etwas erzählen … muss vor allen Dingen die geschichtlichen Zusammenhänge verfolgen«, berichtet er mit strahlendem Blick. Und er fährt fort: »Ich merke gerade in meiner jetzigen Zeit, dass die Numismatik und die Musik das

Alter lebenswert machen. Befreit von ›Sturz und Bächen‹ der beruflichen Bindungen fühle ich mich unbeschwert, man atmet auf! Als Betriebsleiter hat man ja ungeheure Verantwortung. Unter einem gewissen Druck ist man da immer, und das kann man auch zu Hause nicht ganz abgeben.«

Mit 64 Jahren hat er aufgehört zu arbeiten. Auf Wunsch seiner Frau sind sie dann wieder in ihre Heimatstadt zurückgezogen.

»Ich hätte es allein nicht gemacht, weil ich sehr viel musikalische Bindungen aufgegeben habe, die ich dann erst wieder aufbauen musste. Es ist nicht möglich, dass man an alte Bekanntschaften einfach anknüpft, auch wenn es noch den ein oder anderen alten Schulkameraden gab.

Als wir umgezogen waren, habe ich zunächst überall in der Nachbarschaft Besuche gemacht, und das hat sich gut und hilfreich ausgewirkt.

Zu meinen Hobbys hinzugekommen ist dann meine Gartenleidenschaft. Da gibt es so kleine Spielereien für mich ... ein Pflanzenbeet hier, Wasserspiele da ... gerade jetzt baue ich wieder einen kleinen Gartenpavillon, den sich meine Lebenspartnerin gewünscht hat. Ich habe immer das Bestreben, irgend etwas Schöpferisches zu machen. Das liegt im Blut, weil ich ja auch im Beruf immer kreativ sein musste, forschend tätig war. Ich musste immer weiterentwickeln, Neues finden – und das sitzt noch drin. Ich bin ganz glücklich, dass meine ›Frau‹ das alles so mitträgt. Auch im Alter gibt es viele kleine Dinge, die man anpacken kann und muss, um ein schöpferisches Erlebnis zu haben. Wenn einer einschläft, dann wird er nicht alt.«

Gott sei Dank spielt seine Gesundheit dabei mit. Aber: »Man merkt natürlich, dass man älter wird, vergesslicher ... das ist eigentlich das, was mich am meisten ärgert. Ich komme manchmal auf irgendeinen Namen nicht. Aber sonst ... Man kann das Gedächtnis allein dadurch trainieren«, betont er, »dass man am Leben teilnimmt, liest und interessante Dinge – zum Beispiel meine Münzen – weiterverfolgt. Als bestes Gedächtnistraining empfinde ich das Rätselraten. Da gibt es ja genügend Angebote, leichte und schwierige.

Auch am kulturellen Leben nehmen wir teil, gehen oft ins Theater ... aber meistens dreht sich das bei uns um die Musik; wir sind ja beide Musikfanatiker.«

Von »Altenbildern« im Kopf anderer hält er nicht viel. Sein »Altenbild« sieht so aus, dass er sich nicht zu den Alten rechnet, weil er noch für Neues offen ist, seinen Haushalt allein bewältigt und ausgefüllt ist.

»Ich denke, dass die meisten älteren Menschen viel zu bequem sind, nur organisierte Reisen mitmachen, nur am Strand liegen wollen und ordentlich einen ›heben‹ … das ist für mich kein Gestalten des Alters. Geselligkeit, das lehne ich nicht ab. Nur, als Lebenserfüllung reicht das für mich nicht aus.«

Ob die Lebensgestaltung von Bildung abhängig ist, möchte ich wissen.

»Das ist für mich schwierig zu beantworten«, erwidert er, »denn jeder hat natürlich andere Sachen, die ihn bewegen. Ich meine, das muss nicht immer auf einem hohen Bildungsniveau sein. Es kann sich einer doch auch an der Gartenarbeit erfreuen und damit seine Zeit ausfüllen – und wenn er keinen Garten hat, dann kann man sicher irgend etwas finden, mit dem man sich beschäftigen und was man weiter ausbauen kann. Zu sagen, jetzt bin ich 80 Jahre alt, ich habe jetzt genug geleistet … dann ist der Rückgang programmiert.«

Mit 74 Jahren ist seine Frau gestorben. Sie ist nur ein Jahr krank gewesen, hatte tiefe depressive Zustände, von denen sie sich nie wieder erholt hat. Er hat sie voll versorgen müssen: musste kochen, alles machen, auch sie pflegen, was nicht immer leicht war.

»Zu unserer einzigen Tochter gab es leider wenig Kontakt, da wir sie ganz an ihren Mann verloren hatten. Darunter hat vor allem meine Frau gelitten.

Meine jetzige Lebenspartnerin hat mir der liebe Gott geschenkt. Es ist ja ganz ungewöhnlich, dass man in meinem Alter noch einen Menschen findet, mit dem man die gleichen Interessen teilen kann. Wir kannten uns gut und waren uns immer sympathisch; schon als unsere beiden Ehepartner noch lebten, musizierten wir zusammen … und dann kam es, dass auch ihr Mann starb. Da habe ich mich um sie gekümmert. Ich wusste ja, wie das in einer solchen Situation ist. Wir haben zum Beispiel einen besonderen Grabstein für das Grab ihres Mannes ausgesucht etc., so was verbindet ja kolossal. Ganz langsam hat sich dann daraus eine Beziehung entwickelt, und jetzt haben wir gerade beschlossen, dass wir auch endgültig zusammenleben wollen. Das ist natürlich keine Kleinigkeit, denn keiner soll ja was aufgeben müssen, auch nicht den ehemaligen Freundeskreis und so. Für uns ist es wieder ein neuer Anfang, wenn man dann ununterbrochen zusammen ist. Für diese Beziehung bin ich unendlich dankbar, und ich hoffe, – soweit es der liebe Gott mit mir vor hat – dass wir noch eine lange gemeinsame Zeit vor uns haben. Über mein weiteres Alter mache ich mir keine Gedanken. Ich möchte nicht als Krüppel enden – das will ja keiner –, aber sonst ...

Wenn's im Kopf oder in den Füßen aufhört, das wäre beides schlecht, denn ich habe immer noch große Reisen vor. Dazu treibt mich die Sehnsucht an, noch mehr von der Frühgeschichte kennen zu lernen.

Für Werner gibt es noch eine starke religiöse Verankerung in der Kirche, die er nie aufgeben würde:

»Ich bete regelmäßig, oft aus Dankbarkeit, und gehe auch ab und zu mal in den Gottesdienst. Nach dem Tod gibt es für mich auch ein Weiterleben, und das gibt mir großen Halt.

Der größte Gottesbeweis für mich ist der, dass wir das, was wir sehen, nicht verstehen können. Allein die Vorstellung von der Unendlichkeit des Weltalls lässt mich glauben, dass von irgendwoher auch eine Wirkung kommt. Vor dem Tod habe ich keine Angst. Ich bin in dem Verein für humanes Sterben, weil ich nicht wünsche, dass ich mal an Apparate gehängt werde; dass mein Leben künstlich verlängert wird. Ich habe auch ein Sterbetestament gemacht – meine verstorbene Frau übrigens auch, und das hat sehr geholfen. Sie hätte sonst vielleicht noch längere Zeit bewusstlos herumliegen können ... Wenn meine Uhr abgelaufen ist, dann gestatte ich den Ärzten nicht, dass sie sagen: ein bisschen experimentieren wir mit dir noch rum. Diese Entscheidung haben meine Frau und ich schon mit 60 Jahren getroffen.

Ich finde es ganz normal und auch wichtig, wenn man am Ende seines Lebens Bilanz zieht.

Für mich sieht das so aus, dass ich dankbar zurückblicke, denn das Leben hat mich mit Ausstattungen und Anlagen zu vielem befähigt: eben all das zu tun, was ich auch erzählt habe.

Der Hauptlebenssinn liegt für mich jetzt in meinem Verhältnis zu Roswitha – ja, das ist im Augenblick DAS Leben für mich. Und die Musik ist ja da eingeschlossen. Wir machen so vieles gemeinsam ... und das ist ein Mensch, den ich ganz in mein Leben aufgenommen habe. Wir sind glücklich und dankbar, dass wir füreinander da sein können und wollen noch ein Stückchen Leben gemeinsam gestalten.«

Ich fragte, was ihm der Begriff »Weisheit« sagt?

»Weise bin ich nicht«, gibt er laut lachend zurück. »Das wäre vermessen! Ich schwebe nicht über den Dingen, bin nicht abgeklärt ... strebe auch nicht danach – das führt leicht zu Überheblichkeit, und das lehne ich ab. Bescheidenheit ist mir da wichtiger.

Meine Zufriedenheit liegt darin, dass ich das Leben hier führen darf, und ich finde Frieden in dem, wie ich leben darf. Ich giere nicht nach etwas Phantastischem, will nicht das große Los gewinnen, mir vielleicht gar eine große Yacht kaufen oder irgend so was ....

Meine Werte sind andere. Zur Reife kommen? Ich weiß nicht ... Das Leben prägt einen –, davon geht auch einiges wieder verloren – und damit soll man dann auch zufrieden sein. Wenn man mir also zuschreiben würde, ich sei weise ... ja, dann würde ich leise lächeln. ›Es irrt der Mensch so lang er lebt‹, und er kann sich weiterentwickeln, so lang er lebt.

Aber man muss sich auch klar darüber sein, dass man in einigen Sachen abbaut, was ganz natürlich ist, und ich meine, dass man auch nur in bescheidenem Ausmaß was dagegen tun kann.

Auf die Musik hätte ich wohl nie verzichten können. Wenn dann eines Tages meine Finger nicht mehr mitmachen sollten, dann bin ich gezwungen, nur noch Musik zu hören.

Aber es würde mir sehr Leid tun, wenn ich nicht mehr musizieren könnte.

Der Wunsch, der bei mir noch offen ist, ist der, dass ich meine Beziehung zu Roswitha gerne legitimieren möchte, mich auch nach außen voll zu ihr bekennen, vielleicht auch nur mit einem kirchlichen Segen ... Nun, wir werden das wohl nicht machen. Aber ich würde es gerne wollen ...«

Eva möchte
so viel wie möglich lernen

Derjenige ist reich,
der das, was er hat,
richtig zu nutzen weiß;
arm ist der,
der, auch wenn er viel hat,
damit nicht vernünftig
umzugehen vermag.
  (Vortrag Prof. Rosemarie Schweitzer)

Ihr Leben, so hatte sie sich vorgenommen, sollte niemals leer werden – und den Schlüssel dazu, dessen war sie sich sicher, hielt sie selber in der Hand. Manchmal hatte er etwas Rost angesetzt, dann funktionierte er nicht so wie sie mochte, aber meistens ließ er sich sehr gut handhaben ...

Eva ist heute 76 Jahre alt, dynamisch und aufgeschlossen, immer bereit, Neues anzugehen und darauf bedacht, ihr Liebgewordenes zu erhalten.

»Ich bemühe mich, mir jetzt das Leben so schön wie möglich zu machen. Ich habe viel Sinn für Harmonie, lege auch Wert auf äußeres Gepflegtsein ... Farbkombinationen z. B. in der Kleidung müssen stimmen und so ... ich muss mich auch zu Hause, wenn ich allein bin, selber mögen. Es müssen nicht immer teure Sachen sein, die man trägt, es kommt mehr auf die Kombination und auf die Sorgfalt an, mit der man sich kleidet. Dafür muss man sich auch Zeit nehmen ... mal mehr, mal weniger ... wie es die Umstände erlauben.

Überhaupt Zeit: Ich habe noch immer das Gefühl, ich schaffe am Tage nicht das, was ich mir vornehme. Ich plane offensichtlich zu viel ein – aber vielleicht ist das sogar gut so, denn dadurch entsteht nie Langeweile bei mir. Es gibt feste Zeiten wie Frühstück, Mittagessen ... ich habe da schon einen eingefahrenen Rhythmus, und das hat sich eigentlich jetzt im Alter verstärkt.

Wissen Sie, ich war früher eher ein Nachttyp, habe abends nach dem Beruf geschrieben, habe auch genäht ... konnte dann länger schlafen, weil ich erst mittags arbeiten musste. Das war wohl auch dadurch bedingt, dass ich mit meiner Mutter zusammenlebte und ein Kind hatte – da gab es wenig Freiraum für mich selbst. Heute hat sich das verändert und ich bin ein Morgentyp geworden, aber ein Tagesrhythmus ist für mich nach wie vor wichtig.«

Eva hat sich nach dem Krieg mühsam als Kauffrau im Einzelhandel eine Existenz geschaffen, hat sich als Flüchtling durchbeißen müssen, um nicht »missbraucht« zu werden, wie sie das nannte, denn Flüchtlinge wurden damals nicht gerade mit Freude aufgenommen.

Mit 50 Jahren hat sie sich aus dem Berufsleben zurückgezogen, da ihre schwerkranke Mutter intensiv gepflegt werden musste und sie das nicht fremden Menschen überlassen wollte. Als die Mutter dann ein dreiviertel Jahr später starb, waren ihre Kräfte verbraucht und es ging ihr gesundheitlich nicht gut. Sie hat dann den Wohnort gewechselt, weil sie sich in der Nähe ihres inzwischen verheirateten Sohnes besser aufgehoben fühlte. Aber, gesteht sie mir, das hätte sie besser nicht tun sollen, denn ihr fehlten die vielen Freunde, das ganze Umfeld, die große Wohnung und vieles mehr.

»Ja, diese Zeit war schon sehr schwer für mich, denn ich war in ein ganz tiefes Loch gefallen«, bekennt sie freimütig dazu.

Es handelte sich damals um eine endogene Depression, aus der sie nicht herausfand. Aber dann gab es einen Professor, der sie in einem fünfwöchigen Krankenhausaufenthalt geheilt hat.

»Dieser Arzt hat mich so stark gefordert, dass irgendwann der Wille in mir wachgeworden war, es jetzt zu schaffen. Mit 88 Pfund Körpergewicht, einem Magenleiden, und so hat man kaum noch Kraft, sich selbst zu helfen. Ich hatte den Glauben an die Ärzte schon verloren, weil mir keiner helfen konnte und bildete mir ein, eine schwere Krankheit zu haben. Ich wusste nicht, dass gerade diese Depression ja so eine fürchterliche Krankheit ist, und eine Aufklärung seitens der Ärzte hatte es bis dahin nicht gegeben.

Heute weiß ich, wie wichtig der eigene Wille ist, doch damals habe ich mich geschämt, dass ich als lebensfroher Mensch mich so verändert hatte. Was sollten die Kinder von mir denken? Doch – ich konnte einfach nicht! Wenn ich unter Fröhlichen war, habe ich erst recht gespürt, dass mein Lebensgefühl so ganz anders war ... es kam mir alles so sinnlos vor. Ich glaube, dass es ein bisschen Veranlagung dazu gab, denn auch meine Mutter hatte einen ähnlichen Zustand nach der Flucht erlebt. Außerdem kamen die Wechseljahre dazu und natürlich hatte ich auch viel Kraft verbraucht, mein eigenes Leben zu bewältigen, was ja nicht ganz leicht gewesen war.

Ich bin ein Mensch, der nicht mit Halbheiten leben kann, der sich immer voll auf eine Aufgabe konzentriert und keine Belastung scheut.«

Heute hat sie so ein wenig gelernt, Kompromisse zu schließen. Nach diesem Einbruch trat ein neuer Mann in ihr Leben, mit dem sie 20 Jahre verbunden war. Im Anfang haben sie weit voneinander entfernt gelebt, später ist er in eine eigene Wohnung gezogen, die im gleichen Hause war. Irgendwann hat es sich dann auch ergeben, dass ihnen eine gemeinsame große Wohnung angeboten wurde.

»Aber – wissen Sie«, erklärt sie mir dazu, »ich war zu lange allein und selbstständig. Und es ist ein Unterschied, ob Sie mit einem Partner immer zusammen sind und in derselben Wohnung leben oder ob sie sich nur stundenweise sehen. Ich glaube, man ist dann strenger mit sich selbst, wird duldsamer dem Anderen gegenüber und zeigt sich in der Zeit immer nur von der Schokoladenseite. Ist man immer zusammen, gibt's öfter Reibereien, vor allem, wenn man so unterschiedliche Lebensstile entwickelt hat wie das bei uns der Fall war. Er war ein Künstlertyp, lebte wie in einem Tohuwabohu ... also unmöglich ... und ich bin sehr ordnungsliebend. Ich glaube, das hätte nicht so gut zusammen gepasst. Auf Abstand ging das alles sehr gut, denn jeder hatte sein eigenes Reich mit dem nötigen Freiraum. Ich würde heute noch genauso entscheiden.«

Als sie 70 Jahre alt war, starb auch er nach einer langen, schweren Krankheit. Fünf Jahre hat sie ihn – mit Hilfe von Pflegepersonen – aufopfernd gepflegt. Danach gab es noch mal so einen Zustand der Erschöpfung und heute weiß sie:

»Ich würde mich nie mehr fest an einen Menschen binden, weil ich auch weiß, dass ich mich immer wieder verausgaben müsste. Ich halte bewusst Abstand – wohl auch aus Angst vor neuem Verlust, denn mein ganzes Leben hindurch habe ich ja mit Verlusten zu tun gehabt.«

Menschlichkeit und Zuverlässigkeit sind für sie verbindliche Werte, die sie auch zu leben versucht. »Tue recht und scheue niemand« war ein Leitspruch ihres geliebten Vaters gewesen, der auch bis heute eine Leitfigur für sie geblieben ist. Ihr ganzes Leben ist geprägt worden von der Notwendigkeit, immer wieder neu anfangen zu müssen. Das hat sehr viel Kraft gekostet, aber auch ihr Selbstwertgefühl vorangebracht, das auch ihr augenblickliches Leben entscheidend mitprägt.

»Es hat mich stark gemacht, durchhalten zu können«, weiß sie heute, »und ich habe dabei meine Grundveranlagung, anderen helfen zu wollen, nicht verleugnen müssen. In Notsituationen – Flucht, Verlust der Heimat, Existenzangst, Krankheit und so – lernt man viel fürs Leben ... es wächst der Mut und die Kraft enorm ... und ich habe erfahren, was ein Mensch in der Not alles schaffen kann. Deshalb habe ich auch keine Angst vor der Zukunft.

Dankbar bin ich, dass ich nicht bitter geworden bin; nicht neidisch auf andere sehe, was die sich leisten können. Innere Werte sind für mich wichtiger als äußerliche Güter. Ich freue mich beispielsweise sehr darüber, dass ich mir Bücher kaufen kann, weil ich eben gerne lese; dass ich mir Theaterkarten leisten kann und auch, dass ich zur klassischen Musik gekommen bin. Ja, das ist für mich eine Bereicherung, die wertvoller ist als Besitzstand. Ich habe es ja bei meinen Eltern gesehen: Sie haben ein Leben lang gearbeitet – und für nichts! Mein Vater ist mit 50, meine Mutter noch früher gestorben ... da fühle ich mich jetzt reich! Wissen Sie, aller Wohlstand ist uns nur geliehen auf Zeit. Durch besondere Ereignisse kann mit einem Male alles weg sein.

Und auch unsere Kinder sind uns nur auf Zeit geliehen.«

Sie hat ein sehr herzliches Verhältnis zu ihrer Schwiegertochter, die für sie eine Tochter geworden ist, vielleicht, weil sie ihr »vorbehaltlos die Chance gegeben hat, sich zu zeigen«.

Und auf diese Weise entstehen auch heute noch neue zwischenmenschliche Kontakte, die ihr sehr wichtig sind und Farbe in ihren alltäglichen Lebenslauf bringen.

Gesundheitlich geht es ihr jetzt gut.

»Auch den schweren Einbruch kann ich jetzt gut abhaken, weil ich viel darüber gelesen und auch wohl die Ursachen dafür gefunden habe. Die Anregung für solche Literatur hole ich mir in Seminaren, Gesprächskreisen und auch durch Empfehlung in Bibliotheken und so ... Ich finde das so wichtig und meine, dass Ärzte oft viel zu wenig auf die Patienten eingehen und ihnen alles erklären. Heute frage ich sogar, denn wenn man weiß, was es ist, kann man auch dagegen angehen und kämpfen.«

Und wenn's mal nicht klappt, möchte ich wissen?

»Oh, das kann ich gar nicht so genau sagen ... Ich glaube, der Mensch wächst mit dem, was ihm auferlegt wird. Ich muss vor allem immer selbst was tun ... kann mich nicht einfach fallen lassen ... verstehen Sie das?«

Aus ihrer Mentalität heraus verstehe ich sie allzu gut, weil sie den Dingen auf den Grund gehen muss, es nicht gut findet, wenn man ihr etwas vorenthält; weil sie sich einer Situation nicht gerne ohnmächtig ausliefern möchte.

»Wenn du mal allein bist, mach dich nie von der Gunst anderer abhängig«, hatte ihr Vater ihr mal mit auf den Weg gegeben. Diese Einstellung zum Leben hat sich bei ihr bis jetzt bewährt und sie in ihren Handlungen immer wieder bestärkt. Bei dem, was sie tut, reagiert sie im Allgemeinen nicht spontan, sondern wägt vorher ab.

»Diese Phase mit all den Überlegungen belastet mich schon«, verrät sie mir. »Ich schlafe dann unruhig, bin viel empfindlicher und auch gereizter als sonst ... mein vegetatives Nervensystem reagiert da äußerst sensibel! Ich helfe mir dann am besten, wenn ich mich bewusst ablenke ... möglichst in der Natur, zu Fuß oder mit dem Rad ...ich muss mich dann entspannen können – nachher bin ich dann gelassener und habe mein Selbstvertrauen wiedergefunden.«

Diese Veranlagung gab es schon immer, und das hat sich bei ihr auch kaum verändert. Verändert aber hat sich – durch die Lebenserfahrung oder durch eine »gewisse Art von Reife bedingt« –, dass sie viele Dinge nicht mehr so wichtig nimmt. Wo sie früher heiß für ihre Meinung gestritten hat, kann sie heute andere Ansichten unangefochten stehen lassen. Überhaupt reagiert sie auf das Geschehen um sie herum und auch im öffentlichen Leben viel gelassener als früher. Insbesondere mit ihrer eigenen Lebensgeschichte kann sie heute anders umgehen:

»Ich denke, dass das, was hinter einem liegt, sowieso nicht mehr zu ändern ist – und was noch vor mir liegt ist so kostbar, dass ich mich nicht damit belasten will. Alltagsdinge, zum Beispiel Ärger mit Nachbarn oder Hausbewohnern, die ich früher sehr wichtig nahm, können mich heute nicht mehr umbringen.«

In letzter Zeit stellt sie fest, dass der Wunsch, mehr über den Sinn des Lebens zu erfahren, immer stärker in ihr wird.

»Jetzt, wo ich viel Zeit habe, manches körperlich gar nicht mehr so gut kann wie früher, da sehe ich, wie wichtig diese Phase in meinem Leben ist. Ich möchte noch so viel wie möglich lernen, um mehr über das Leben, die Welt usw. zu wissen; möchte vor allem wissen, ob es ein Leben nach dem TODE gibt.«

Hier versucht sie, für sich eine Antwort zu finden, besucht Seminare und Vorträge, in denen über Weltreligionen berichtet wird und findet dabei Dinge, die auch für ihr Leben gültig waren.

»Hinter all dem steht für mich wohl eine Art ›Gottsuche‹ – ich bin nämlich nicht im christlichen Sinne erzogen worden … aber jeder muss seinen Weg für sich allein finden. Mich bewegt die Frage schon sehr, ob wir dann, wenn unser ›Metermaß‹ zu Ende ist, ganz ausgelöscht sind … «

Das ausgeprägte geistige Interesse an allem, was ihr wichtig erscheint, ist ihr innerer Antrieb für all die Aktivitäten, die sie im Bildungsbereich unternimmt, denn sie möchte viel nachholen, was sie in ihrem Leben aufgrund der Lebensumstände nicht lernen konnte. Doch sie weiß auch, dass natürlich jedem gewisse Grenzen gesetzt sind. Aber sie ist überzeugt, dass man viel gegen Resignation und Einsamkeit tun kann, weil das ja die meisten Probleme bringt.

»Ablenkung, irgend etwas tun und immer wieder ein Ziel vor Augen haben, das erfüllt und macht Freude. Ich bin immer glücklich, wenn ich Dinge erledigt habe, von denen ich vorher gedacht habe, das schaffst du nicht. Ob das Arbeiten im Haushalt sind, komplizierte Besorgungen oder Hilfsdienste bei Veranstaltungen und so … das gibt mir ein positives Lebensgefühl! Das klingt vielleicht ein bisschen euphorisch, aber das bedeutet mir gerade jetzt im Alter noch viel. Ob man sich immer wieder selbst beweisen muss?«, fragt sie sich selbst. »Bei zu großen körperlichen Anstrengungen nehme ich mich zwar bewusst zurück, fordere mich aber trotzdem. Ich finde, das ist ganz wichtig, denn wenn man erst einmal nachlässig wird und sich schont, ist es vorbei in meinem Alter. Tägliche Bewegung, Spaziergänge oder auch gymnastische Übungen sind bei mir oberstes Gebot und haben mich bisher ganz fit gehalten. So was hält man nur durch, wenn man es regelmäßig macht.«

Es gibt viele Dinge, die sie unternimmt:

»Ich bin jetzt in einer Hobbygruppe, bastele, nähe und handarbeite gern – und das macht mir nicht nur Spaß, sondern es beruhigt mich auch. Mit den erarbeiteten Dingen – Geschenkkarten, Weihnachtssterne, kleine Geschenkdosen und vieles mehr – kann ich dann oft anderen auch noch eine Freude machen.«

Einmal in der Woche nimmt sie an einer Gesprächsgruppe in der Arbeiterwohlfahrt teil, wo jeder seine Sorgen, seinen Kummer aussprechen kann, wenn er es möchte. Dort trifft sie mit Frauen unterschiedlichen Alters zusammen, auch mit Männern, aber die gibt es weniger, weil ja auch viele Frauen schon verwitwet sind.

»Ich gehe heute verstärkt auf andere zu, um eines Tages nicht ganz isoliert zu sein«, bekennt sie freimütig. »Das habe ich ja während der Krankenpflege gemerkt, wie schnell man isoliert ist und die schwärzeste Seite des Lebens kennen lernt. Ich denke, man muss selber bemüht sein, um Anschluss zu bekommen und darf nicht warten, dass andere auf einen zugehen. Bei mir hat sich die Möglichkeit hauptsächlich durch die Arbeiterwohlfahrt ergeben. Da habe ich einen Kreis gefunden, der mir zusagt ... und ich habe das Bedürfnis, mit möglichst vielen zu sprechen. Ich merke dabei, dass man das Umgehen mit Menschen auch lernen muss. Früher habe ich immer gedacht, dass Menschen über 50 und älter sehr reif und weise wären und dass es leicht sein würde, mit ihnen umzugehen. Das war ein Irrtum! Es ist schwerer geworden. Man kann Erwachsene nicht in die Ecke stellen, wenn sie sich anstößig geben, und es gehört viel Geschick dazu, zum Beispiel einen Seniorenkreis zu führen. Da muss man sich oft durchsetzen, weil sich einige Personen äußerst starr verhalten. Was auch ausgeprägt ist, sind Eifersucht und Neid. Manchmal gibt es schon Spannungen, wenn man mit dem einen mehr spricht als mit dem anderen. Inzwischen habe ich gelernt, einen gewissen Abstand zu halten, mich von niemandem ganz vereinnahmen zu lassen. Das ist der beste Schutz. Wenn man mit einem großen Kreis auskommen will, muss man sich sehr vorsichtig verhalten, nicht in den Vordergrund treten, die Altersunterschiede nicht herauskehren und so ...

Ich denke, es hilft einem, wenn man genau beobachten kann und vor allem genügend Toleranz mitbringt. Doch daran mangelt es oft: Die einen gewinnen an Toleranz und andere werden starrer. Man bekommt oft das zurück, was man vorlebt.«

Als Vorkehrung für ihr weiteres Alter hat sie sich nach dem Tod ihres Lebensgefährten zunächst eine kleine Altenwohnung genommen. 50 Quadratmeter sind ihr genug, denn sie will nicht viel Zeit für unwichtige Dinge vertrödeln. Es geht alles nicht mehr so schnell, und was sie an häuslichen Kontakten pflegt, kann sie auch unter diesen räumlichen Verhältnissen reizvoll arrangieren. Zu den regelmäßigen häuslichen Kontakten zählt eine Kartenrunde, die sich einmal wöchentlich trifft. Das trainiert das Gehirn, sagt sie.

Sie möchte gern ihr Leben sinnvoll abschließen können. Dazu gehört für sie auch eine Reise in ihre verlorene Heimat. Vor zwei

Jahren hat sie dann diese Reise nach Ostpreußen zusammen mit ihrem Sohn gewagt:

»Das war Abschied und Wiederbelebung einer Erinnerung, die bleiben wird. Diese wunderbare Landschaft ist meine Heimat gewesen! Ich habe bewusst so lange mit diesem Besuch gewartet, weil ich Angst davor hatte. Aber dadurch, dass mein Sohn mitfuhr, ist das alles leichter gewesen – und für mich hat sich ein Kreis geschlossen. Ich freue mich auch, dass mein Sohn da seine Wurzeln entdeckt hat …ein bisschen den Anschluss gefunden hat …Nach und nach lernt man immer mehr, Abschied nehmen zu können, loslassen zu können: die Kinder loslassen, Gewohnheiten aufgeben, gewisse Ansprüche zurücknehmen. Das hat für mich wenig mit Resignation zu tun; ich würde es eher als eine gewisse Art von Reife ansehen.«

Reife ist für sie ein Abschnitt, der für viele Dinge ein Ende ist. Die Wichtigkeiten haben sich verschoben, man schließt bestimmte Lebensphasen ab. Heute lässt sie Erschütterungen und Schmerz nicht mehr so schnell von sich Besitz ergreifen, auch wenn ihr beispielsweise Verluste durch Tod doch sehr unter die Haut gehen.

»Aber ich kann es jetzt leichter annehmen«, meint sie dazu, »weil ich weiß, was einem manchmal auch erspart bleiben kann. Doch dahin muss man erst kommen … Wenn ich sehe und höre, wie zufrieden gerade kranke Menschen sind, wenn es ihnen einigermaßen gut geht, so wünsche ich mir vor allem die Zufriedenheit, dass ich immer mit dem einverstanden sein kann, was ist. Jetzt will ich mich damit noch nicht beschweren, denn es lässt sich ohnehin nicht alles vorausberechnen. Deshalb versuche ich auch, jeden Tag so intensiv wie möglich zu erleben. Gott sei Dank kann ich jetzt so leben.«

Eva meint rückschauend in ihrem Leben einen Zyklus herausgefunden zu haben, den sie als ihren Lebensrhythmus bezeichnet: »Alle 25 Jahre hat es bei mir eine einschneidende Veränderung gegeben: Mit 25 Jahren gingen wir auf die Flucht; mit 50 Jahren fand mein Berufsleben ein Ende; mit 75 Jahren hatte ich die absolute Selbständigkeit erreicht … und jetzt erlebe ich die letzte Phase. Wer weiß … vielleicht bis 100.«

Sie lacht und weist auf das Metermaß hin, dessen Ende sie wohl bald erreicht haben wird.

»Aber«, schließt sie mit vielsagend fragendem Blick ab, »vielleicht sind es die kostbarsten Jahre …?«

Ich gebe ihr ein Gedicht von Hermann Hesse mit auf den Weg.

Stufen

Wie jede Blüte welkt und jede Jugend
Dem Alter weicht, blüht jede Lebensstufe
Blüht jede Weisheit auch und jede Tugend
Zu ihrer Zeit und darf nicht ewig dauern.
Es muss das Herz bei jedem Lebensrufe
Bereit zum Abschied sein und Neubeginne,
Um sich in Tapferkeit und ohne Trauern
In andre, neue Bindungen zu geben.
Und jedem Anfang wohnt ein Zauber inne,
Der uns beschützt und der uns hilft zu leben.

Wir sollten heiter Raum um Raum durchschreiten,
An keinem wie an einer Heimat hängen
Der Weltgeist will nicht fesseln uns und engen,
Er will uns Stuf' um Stufe heben, weiten.

Kaum sind wir heimisch einem Lebenskreise
Und traulich eingewohnt, so droht Erschlaffen.
Nur wer bereit zu Aufbruch ist und Reise,
Mag lähmender Gewöhnung sich entraffen.
Es wird vielleicht auch noch die Todesstunde
Uns neuen Räumen jung entgegensenden,
Des Lebens Ruf an uns wird niemals enden ...
Wohlan denn, Herz, nimm Abschied und gesunde!

Hans absolviert ein Seniorenstudium

Jedes Schicksal ist nur Stoff,
an dem ich meine Seele übe.
              (W. v. Humboldt)

Das Altern ist vergleichbar
einem Baum,
der sich immer wieder verzweigt
und zunehmend erweitert ...

Es war ein Zusammentreffen im Französischkurs, den ich belegt hatte, um meine Sprachkenntnisse für den nächsten Ferienaufenthalt in Südfrankreich zu vervollständigen.

Als ich ihn um ein Gespräch bat, war er zunächst sehr überrascht. Aber da er grundsätzlich für neue Erfahrungen offen ist, ließ er sich darauf ein.

Hans hatte bewusst den Vorruhestand gewählt, hatte auch ganz bestimmte Vorstellungen, was er noch tun wollte:

»Das Studium war ein absolutes ›Muss‹ für mich, schon allein wegen der Kriegsgeschichte, weil ich mehr über die ganzen Zusammenhänge erfahren wollte; auch wissen wollte, wie andere über die Zeit denken. Ich hatte mir vorgenommen, an der Universität im Senioren-Studiengang Geschichte zu studieren, und diese Studienpläne wurden dann auch verwirklicht. Ich habe zwölf Semester Zeitgeschichte gehört, weil ich an die Jahre 1937/38 beispielsweise sehr genaue Erinnerungen habe.

Was mich aber vor allem bewegt hat, war die Judenverfolgung. Diese Frage hat mich deshalb so interessiert, weil ich immer wieder hörte, ›keiner hat was gewusst‹. Und das stimmt nicht, denn ich hatte es als Kind bei uns im Emsland anders erlebt. Hinter dieser Frage mag bei mir auch ein gewisser Sinn für Gerechtigkeit stehen, denn mein Vater – der ein Gerechtigkeitsfanatiker war – hatte mir diese Einstellung regelrecht eingeimpft.

Im Studium habe ich auch bedingt die gewünschten Antworten gefunden. Es sind nicht die ganz großen Erkenntnisse geworden, weil ich das meiste wohl doch schon in Büchern gelesen hatte und kannte. Aber es hat mich bestärkt, und deshalb habe ich auch nach zwölf Semestern aufgehört.

Mit dem Studium habe ich mir verspätet auch einen Jugendtraum erfüllt, denn es bestand schon von klein auf ein starkes Interesse an Geschichte, auch weil es mit der großen weiten Welt zu tun hatte. Während der Studienzeit gab es viele schöne Kontakte mit anderen Studierenden, jungen und älteren, die ich dann aber nicht weiter vertieft habe.

Ich hatte mir auch vorgenommen, Französisch zu lernen, wenigstens eine romanische Sprache sollte es sein – und das mache ich heute noch.

Für mich ist das gleichzeitig eine Art Gedächtnistraining, was dazu noch viel Freude macht.

Völlig überraschend ergab sich noch eine andere Sache, die mich ungemein fesselte und die noch immer andauert:

Meine letzte Dienstreise vor der Pensionierung brachte mich bei diesem Anlass zu einer Nichte nach Kalifornien. Als sie mit mir über den Friedhof der dortigen Franziskus-Mission ging, zeigte sie mir eine große Grabplatte mit der Aufschrift ›Pater Clemens D. aus Klein-Stavern‹. Ich vermutete, dass es sich um einen Vorfahren meiner Mutter handelte – und meine Neugier war entfacht.

Die Nachforschungen gaben mir recht, und auf diese Weise konnte ich die Familiengeschichte bis 1435 verfolgen.

In Kirchenbüchern findet man ja selten etwas, weil die meisten Dokumente verbrannt oder vernichtet sind. Ich hatte aber das Glück, dass der Hof, um den es sich handelte, im Besitz des Bischofs von Münster gewesen war, und da bestanden viele Urkunden, Steuerbescheide usw., die sich auf dem Speicher eines Bauernhauses befanden. Diese alten Schriftstücke habe ich dann ›übersetzt‹ und übertragen, und ich denke, es wird mal ein großes Dokumentations-Buch daraus.

Die Beschäftigung mit der Familiengeschichte hat mich sehr fasziniert, und es haben sich auch viele neue Kontakte daraus ergeben.

Im Zusammenhang mit dieser Arbeit werde ich auch zu Vorträgen für den dortigen Heimatverein gebeten, was mir immer viel Freude macht. Da komme ich nach wie vor mit Menschen zusammen und kann auch anderen in der Familiengeschichte weiterhelfen.«

Hans hat immer einen großen Bekanntenkreis gehabt, und seine sozialen Kontakte haben sich erfreulicherweise kaum verändert. Besonders die Verbindung zur jungen Generation ist ihm wichtig, denn von Seniorenclubs hält er sich bewusst fern, weil er sich noch nicht ›dazugehörig‹ fühlt.

»Die Verbindung zu meinen früheren Kollegen ist kontinuierlich vorhanden, unser alter Freundeskreis von früher besteht nach wie vor, und auch zum Freundeskreis meiner Tochter gibt es viel Verbindungen, die ich besonders pflege«, gesteht er mir. »Wichtig ist für mich immer, dass man gemeinsame Interessengebiete aufspürt. Ich erlebe gerade in dieser Generation – so um die 30 – sehr positive Einstellungen und eine große Aufgeschlossenheit für die Erfahrungen meiner Generation. Besonders freut es mich auch, dass sich unsere alte Klasse in regelmäßigen Abständen trifft, so alle zwei bis drei Monate ist das der Fall, aber wir tun auch alle was dafür, denn das sind Kontakte, die über das normale Maß hinausgehen ... vielleicht auch, weil uns der Orden noch verbindet.«

Hans war als zwölfjähriger Junge aus seinem Dorf durch Vermittlung des dortigen Pfarrers auf eine Klosterschule nach W. gekommen, um Priester zu werden. Nach dem Abitur jedoch wurde ihm der Zugang zum Noviziat verwehrt. Man hatte ihm gesagt, dass er nicht in die Ordensgemeinschaft hineinpassen würde, denn er kam bei den drei Gelübden – Keuschheit, Gehorsam und Armut – mit dem Gehorsam nicht zurecht. Er fragte nach ... und schon das war damals ein Hinderungsgrund. Natürlich konnte er nicht bei den Augustinern bleiben, und das war eine wirkliche Kerbe in seinem Leben.

Über viele kleine Stationen, bei denen es lediglich um Überlebensmöglichkeiten nach dem Krieg ging, kam er schließlich bei der holländischen Fluglinie KLM an und begann dort als Bürogehilfe. Dann aber geriet er an einen Mann, der ihn stark förderte und der auch eine Leitfigur für sein Leben bleiben sollte. Er hat sich schnell hocharbeiten können, wechselte schließlich zur Lufthansa und avancierte dort zum Verkaufsleiter.

»Gesundheitlich geht es mir gut, es gibt keinerlei Sorgen. Wie es weitergeht, muss man abwarten.

Ich denke auch ganz selbstverständlich über den Tod nach. Das hat schon angefangen bei einer Herzoperation mit 47 Jahren. Diese Operation war ein gravierender Einschnitt in meinem Leben, weil ich danach vieles nicht mehr tun konnte, was ich vorher gemacht hatte, angefangen beim Rauchen. Heute besteht die Einschränkung hauptsächlich darin, dass ich Tropenreisen zum Beispiel nicht mehr machen darf.

Aber die Krankheit hat mir auch viel gebracht.

Der Aufenthalt auf der Intensivstation war doch sehr beeindruckend für mich. Seitdem kann ich besser nachfühlen, was Angst heißt, denn sobald ich keinen Augenkontakt mehr hatte, fühlte ich mich so einsam und verlassen, dass ich panische Angst bekam.

Ich denke, nach so einer Erfahrung versucht man anders zu leben. Einige Dinge habe ich dann auch geschafft, beispielsweise habe ich das ›Delegieren‹ danach erst richtig gelernt. Früher war ich immer darauf aus, alles möglichst selbst zu erledigen. Ich ließ mich danach – und lasse mich auch heute – nicht mehr unter Druck setzen, sage glattweg ›das kann ich nicht‹.

Auch meine Toleranz ist durch die Krankheit sehr viel größer geworden.«

Ich zitiere ihm an dieser Stelle einen kleinen Ausschnitt von H. Albertz aus seinem Buch »Am Ende des Weges«: »Ich gehöre also, anders als vor dem Sturz, zu dieser Gemeinschaft, in der keine Art von Behinderung als verdächtig gilt ... ein gewisser Hochmut ist verflogen, der mich früher ungeduldig werden ließ, wenn es bei anderen so langsam voranging ...« (Als Albertz das äußerte, lebte er in einem Altenheim bei Bremen.)

Hans hält es für besonders wichtig, dass man in kritischen Situationen merkt, dass man gebraucht wird.

»Das war damals in der Familie ganz und gar der Fall ... und auch in der Firma. Ich glaube, das macht überhaupt den Lebenssinn aus, dass man weiß, was man für andere wert ist. Jeder braucht mindestens einen Menschen, der auf einen baut, der einem vertraut, der weiß, dass man für ihn immer da ist. Ich glaube auch, dass ein Mensch, der diesen Faden nicht mehr hat, langsam verkümmern wird, denn die Einbindung in die Familie und in die Gesellschaft halte ich für lebensnotwendig, wenn man existieren will. Natürlich hat es immer wieder mal schwierige Phasen in meinem Leben gegeben, aber ich habe den Mut nie ganz verloren. Vor allem in der Frankfurter Zeit nach dem Krieg war ich gewiss manchmal deprimiert. Doch ein gewisses ›du musst‹ hat mich dann immer wieder angetrieben – und zu kapitulieren ... dazu war ich zu stolz.«

Hans hat für sich auf mehreren Ebenen Bilanz gezogen, weil er meint, dass das ein wichtiger Punkt für die Zufriedenheit im Alter ist.

»Ich merke, dass ich zunehmend dankbarer werde für ein gelungenes Leben – bei allen Höhen und Tiefen. Ich bin auch dankbar dafür, dass ich anderen Menschen etwas habe geben können, und wenn es nur das ist, dass man ihnen den ein oder anderen Rat geben konnte.«

So hat er beispielsweise nach seiner Herzoperation anderen in ihrer Angst vor der Operation helfen können, indem er ihnen aus seiner Erfahrung berichtet hat. Das hat ihnen dann bei der Entscheidungsfindung geholfen, wie er später bei seinem Krankenhausbesuch erfuhr.

»Auch wenn ich meine, dass ich keine Angst vor dem Tode habe, glaube ich, das kann niemand so genau und sicher sagen. Dafür kennen wir die Situation ja nicht. Aber im Augenblick habe ich keine Angst, obwohl ich das aus dem katholischen Verständnis heraus ja haben müsste, denn ich lebe nach dem Kirchengesetz in ›wilder Ehe‹: Ich habe eine geschiedene Frau geheiratet. Nach 40-jähriger Ehe aber muss ich sagen, dass ich nie eine bessere hätte finden können. Ich habe auch kein schlechtes Gewissen dabei, denn ich glaube an einen gerechten Gott und kann mir nicht vorstellen, dass dieser Gott – allwissend, allmächtig, barmherzig und gerecht, wie ich ihn mir vorstelle – mir daraus einen Vorwurf machen würde. Schließlich habe ich einem Menschen nach einer schrecklichen Eheerfahrung wieder Lebensmut gegeben und einen neuen Lebenssinn.

Ich glaube auch an ein Weiterleben, bemühe mich, nach den katholischen Glaubenssätzen zu leben, gehe in bestimmten Situationen sogar zur Kommunion. Ich brauche eine Stärkung, und die Kirche bietet das an. Schließlich fühle ich mich auch als Kirchenmitglied nicht ausgeschlossen ... sagen wir mal, ich bin für eine Zeitlang kaltgestellt.«

Ich habe Hans danach gefragt, wie er zu einer Weiterentwicklung im Alter stehe.

»Nach meinem Verständnis geht das nur auf geistigem Wege«, erwidert er. »Der eine oder andere kann sich in seinem Hobby oder handwerklich weiterentwickeln, aber für mich bedeutet das den Weg, abgeklärter zu werden, toleranter ... eine innere Ruhe zu finden ... ja ungefähr das. Zufriedenheit gehört auch dazu«, meint er etwas später, »und das heißt für mich, dass man einverstanden ist mit dem, was man geleistet hat im Leben; dass man auch stolz sein kann auf das, was man im zwischenmenschlichen Bereich geschafft hat. Letzten Endes ist es befriedigender, wenn man Menschen geholfen hat, voranzukommen, als wenn man persönliche materielle Erfolge hatte.«

Zufriedenheit im Alter bedeutet für ihn auch, sich jeweils auf die Umstände einstellen zu können, zum Beispiel auch bescheidener in seinen Ansprüchen zu werden.

»Ich habe oft festgestellt«, ergänzt er dazu, »dass die, die am wenigsten haben, zufriedener sind als die, die sich alles leisten können. Meistens sind es ja gerade so genannte einfache Leute, die nie hohe Ansprüche stellen konnten; die zufrieden waren mit dem, was sie hatten. Das ist meiner Meinung nach sogar das Schönste, und wenn man das kann ... das bewundere ich immer wieder.«

Über das »Altenbild« im gesellschaftlichen Bewusstsein hat er sich weniger Gedanken gemacht. Er glaubt, dass es die unterschiedlichsten Bilder vom Alter gibt. Ihm persönlich nötigen alte Leute – etwa die Generation seiner Eltern – immer noch großen Respekt ab.

»Aber ich sehe auch, dass Achtung, Wertschätzung, Hilfsbereitschaft und so, heute weitgehend verloren gegangen sind. Aber das ist allgemein so«, stellt er dazu fest, »das bezieht sich nicht nur auf die alten Menschen. Die heutige Maxime heißt, dass ist jedenfalls meine Erfahrung: Du musst dich durchsetzen; du musst den Anderen aus dem Feld schlagen, auch wenn es durch gewisse Intrigen ist; du musst die Anderen ausspielen – und die Älteren sowieso ... wer über fünfzig ist, der kann sowieso nicht mehr geradeaus denken, der ist technisch auch nicht so versiert ... die kannst du leicht abstellen...«

Auch wenn er das persönlich nicht erlebt hat, so hat er das in den letzten Jahren im Berufsleben zunehmend beobachtet. Vor allem »Intelligenzbolzen« und »große Redner« sind ihm da suspekt geworden.

»Ich habe allerdings gerade in jüngster Zeit wieder eine Veränderung festgestellt, denn es wird seitens der Personalpolitik viel Wert auch auf Sozialverhalten gelegt«, ergänzt er einschränkend.

Irgendwann im Gespräch hat es mich interessiert, ob er in seiner Biografie so etwas wie »Lebensthemen« erkennen könne? Hans meint, dass das im psychologischen Bereich der ausgesprochene Gerechtigkeitssinn und das Einsetzen für andere, besonders für Schwächere, sein könnten.

In beiden Punkten hat er sich immer stark engagiert, und dabei hielten ihn auch Konflikte mit Vorgesetzten nicht von seinem Vorhaben ab. Eine »Herr-und-Knecht-Mentalität« lehnt er entschieden ab. Diese Grundhaltung bestimmt auch sein Verhalten in seinem jetzigen Umfeld. Er hält es für unabdingbar – gerade auch im Alter –, Konflikten nicht aus dem Wege zu gehen und Problemsituationen möglichst schnell zu lösen.

»Ich sag' mir immer«, verrät er mir sein Rezept, »wenn du das Problem nicht anpackst, und zwar möglichst schnell, dann brodelt das vor sich hin und kann nur schlimmer werden. Deshalb gehe ich auch auf die Leute zu. Oft stellt sich eine Störung ja als Missverständnis oder falsche Interpretation heraus. Es gibt allerdings auch Dinge, bei denen man zunächst mal schweigen muss. Mein Leitspruch im Leben war immer: Es kommt nicht darauf an, ob du beliebt bist, sondern ob du gerecht bist. Und da muss ich mich heute wie früher manchmal zwingen, vor allem, wenn wenig Sympathie für einen anderen vorhanden ist. Man muss sich auch entschuldigen können, wenn man etwas falsch gemacht hat, denn so eine zwischenmenschliche Beziehung ist ein sehr sensibles Gebilde … man muss sich schon ehrlich darum bemühen, wenn man sie auf gesunde Füße stellen will.

Überhaupt meine ich, dass man sich gegenseitig viel mehr loben sollte … damit drückt man doch auch eine Wertschätzung für den anderen aus. Manchmal habe ich den Eindruck, dass unser Konkurrenzdenken das gar nicht zulässt.«

Abschließend meint Hans: »Wenn ich auf mein Leben zurückblicke, gibt es natürlich manches, was ich anders machen möchte. Beispielsweise hätte ich vielleicht damals, als ich in Frankfurt war, doch versuchen sollen zu studieren. Viele haben das ja auch trotz miserabler finanzieller Verhältnisse nach dem Krieg geschafft.

Manchmal habe ich mir gewünscht, dass ich bei bereits Verstorbenen vorher noch mal gerne mit ihnen gesprochen hätte. Daraus habe ich auch gelernt und versuche das jetzt anders zu machen.

Überhaupt hat mir das Leben immer wieder gezeigt, dass man in allen Bereichen ständig dazulernen kann und muss. Ich hoffe nur, dass mir diese Einsicht hilft, mir die Offenheit dafür zu bewahren.«

Maria erlebt ihr Alter als Aufbruchphase

»Was ist eigentlich alt, was ist jung?«,
fragt schon Novalis.

»Jung ist, wo die Zukunft vorwaltet,
alt, wo die Vergangenheit
Übermacht hat.«

Für Maria ist das Alter eine Aufbruchphase gewesen.
»Die Pensionierung mit 62 Jahren war für mich sehr notwendig, weil ich ständig Erschöpfungszustände hatte und es nicht mehr schaffte. Pädagogisch habe ich das sehr bedauert, denn die technischen Fächer, Sport und Kunst, haben mir sehr viel Spaß gemacht.

Bei all meinen Aktivitäten, die ich jetzt ausübe, gibt es sowohl ehrenamtliche als auch bezahlte Tätigkeiten. Dabei kann ich nicht viel Geld verdienen, aber es ist immerhin eine kleine zusätzliche Einnahme und vor allem etwas Anerkennung.«

Den Wunsch nach Anerkennung teilt Maria mit vielen Menschen, vor allem mit ehemals Berufstätigen, wenn sie in Ruhestand gegangen sind.

Schon während ihrer Berufstätigkeit hat Maria regelmäßig Kurse an der VHS besucht, hat auch einzelne Angebote beim Mütterzentrum wahrgenommen. Als sie dann pensioniert wurde und ihr weniger Geld zur Verfügung stand, konnte sie nicht mehr so viele Kurse mitmachen, wie sie gerne wollte.

»Und da habe ich mir gedacht, dass ich vielleicht auch was anbieten könnte. Ich war ja als Lehrerin tätig gewesen, so dass das alles nicht so ganz neu für mich war, auch wenn ich es jetzt mit Erwachsenen zu tun bekam.«

Anfangs hat sie »nur« in der VHS als Teilnehmerin mitgemacht, zum Beispiel Aquarellkurse besucht, hat auch an einem Stammtisch teilgenommen, der über das Mütterzentrum organisiert wurde.

Irgendwann hat man sie dann gefragt, ob sie auch mal einen Abend leiten wollte, »und das habe ich ausprobiert und auch Gefallen daran gefunden. Ich merkte schnell, dass ich auch Erwachsene ansprechen konnte, vor allem auch junge Mütter, denn es kam was zurück.

Zufällig ergaben sich dann später Nähkurse bei der Arbeiterwohlfahrt. Ich hatte schon während der Familienphase Schneiderkurse gegeben, weil ich vor meinem Studium mal als Schneiderin gearbeitet hatte. Diese Kurse waren für mich immer eine willkommene Einnahmequelle nebenbei.

Als ich eines Tages in der Zeitung eine Annonce der AWO entdeckte, die sich an Leute wandte, die Hobbykurse anbieten wollten, habe ich die Gelegenheit wahrgenommen und einen Kurs angeboten. Die Motivation für mich war in diesem Fall reine Freude am »Machen«. Das praktiziere ich auch zu Hause immer wieder, indem ich allein male, bastele, nähe, musiziere etc. – aber ich mache so etwas auch gerne in der Gemeinschaft. Ich singe gerne im Chor, male gerne mit anderen zusammen, weil ich den Austausch brauche.

Ich finde es wunderschön, sich sachlich damit auseinanderzusetzen, wenn man handwerklich zusammen arbeitet. Das ist eine besondere Art von Gesprächen, die sinnvoll auf die Sache bezogen sind und auch etwas Persönliches einfließen lassen. Ich kann mir gut vorstellen, was früher in den Spinnstuben-Gesprächen passierte … so ähnlich läuft das bei uns auch ab. Ich sehe mich dabei auch nicht als Leiterin, bin zwar verantwortlich, aber doch eher eine von allen. Bei älteren Leuten gibt es da schon gewisse Schwierigkeiten, weil die immer etwas vorgesetzt haben möchten – aber das ist nicht mein Ding. Ich möchte motivieren, das andere muss von den Beteiligten selbst kommen … doch das fällt älteren Leuten eben äußerst schwer. Ich denke, sie haben es nicht gelernt. Auf diese Erwartungen lasse ich mich so gut wie nie ein, weil mir das auch keinen Spaß macht. Dabei bleibt die kreative Seite auf der Strecke, und genau das möchte ich ja möglich machen. Ich lege viel Wert darauf, durch Lob und so, bestimmte Verstärkungen zu erreichen.«

Maria ist manchmal ganz begeistert, was bei den Kursen herauskommt, und fühlt sich in ihrer Vorgehensweise bestätigt. Das Alter der Teilnehmerinnen liegt zwischen 55 und 82 Jahre, und da gibt es schon recht unterschiedliche Interessenlagen. Vor allem die »jungen Alten« sind sehr kreativ, lassen sich viel einfallen und probieren ganz einfach aus. Nebenbei entwickeln sich auch schöne Sozialkontakte.

Ihre anderen Kursangebote haben sich auf eine ähnliche Weise ergeben.

»Als ich noch als Lehrerin tätig war«, erzählt sie mir, »habe ich mal an einer Schreibwerkstatt unter dem Motto ›Schreiben befreit‹ teilgenommen. Vorher hatte ich einen VHS-Kurs ›Frauen ab Sechzig‹ mitgemacht, der für Berufsaussteiger angeboten wurde – und das brachte mich auf die Idee, an dieser Schreibwerkstatt teilzunehmen. Es ging da um Tagebuch-Aufzeichnungen ... und da bin ich so dran hängen geblieben, dass ich das zunächst für mich beibehalten habe. Durch diese Erfahrung wusste ich dann, wie ich das in einem eigenen Kurs machen möchte.

Den letzten Anstoß für mein Vorhaben habe ich schließlich durch einen Vortrag ›Mütter im Krieg‹ bekommen. Nach diesem Vortrag gab es viele kleine Beiträge aus dem Hörerinnenkreis, wie man die Kriegszeit und die Zeit direkt danach erlebt hatte, und die Vielfalt dieser Erlebnisberichte hat mich auf den Gedanken gebracht, einen Kurs anzubieten, in dem man seine eigenen Erfahrungen aufschreiben und innerhalb einer generationsmäßig homogenen Gruppe austauschen könnte. Unter dem Motto ›damals‹ kam dann ein solches Wochenende zustande. Ich wollte für mich ausprobieren, ob das geht und war so beeindruckt von dem, was da passierte an ganz persönlicher Betroffenheit, dass ich das weitergemacht habe. Die Veranstaltungen laufen in der Seniorenbegegnungsstätte, und dieser Ort wird auch als etwas ganz Vertrautes angenommen.

Das erste Thema war ein heikles Thema und es gab auch einige, die gesagt haben, ›über das schreibe ich nicht‹. Als ich gemerkt habe, wie heiß das Eisen ist, habe ich den Themenbereich verändert, und wir sind dann biografisch vorgegangen, von der Kindheit angefangen bis zur Familiengeschichte. Inzwischen ist aus diesem Kurs ein fester Stamm aus zwölf Teilnehmerinnen geworden, der sich so viermal im Jahr trifft. Hin und wieder kommen Neue dazu, und es sind vor allem auch einige Männer dabei, was ja in solchen Veranstaltungen relativ selten ist.

Für die Teilnehmenden ist dabei herausgekommen, dass sich während des Schreibens Erinnerungsmomente ergeben haben, die manches in ihnen auflösen konnten. Auch der Austausch ihrer Erfahrungen untereinander hat für viele einen hohen Stellenwert gehabt.

Für mich selbst war das alles ebenfalls eine wichtige Phase, denn ich habe viel über mich erfahren. Mit den ›Geschichten‹ gehe ich immer so um, dass man sie nicht vorlesen muss, man kann sie auch weglegen, – aber man hat sich ›freigeschrieben‹ und kann sie jederzeit wieder herholen. Damit bleiben die verdrängten Sachen nicht im Kopf, haben sich erst mal etwas geordnet, und man weiß, wo man sie wiederfinden kann. Wenn es sich um sensible Dinge handelt, wühlt das zwar erst auf, aber dadurch, dass das nur ein kurzes Stückchen ›Lebensgeschichte‹ ist, bleibt das überschaubar. Diese Erfahrung habe ich auch von anderen, die teilnehmen, mitgeteilt bekommen.

Was ich auch finde: Durch das Schreiben und Vorlesen bleibt so eine Geschichte geschlossen. Man erlebt ja sonst in Gesprächen bei älteren Menschen oft, dass alles so durcheinander geht, dass man am Ende total verwirrt ist.

Das Entscheidende bei dieser Schreibwerkstatt ist für mich, dass ich nichts kritisiere – und ich denke, das stärkt das Vertrauensverhältnis untereinander. Mir kommt es nicht auf ›Leistungen‹ an, sondern ich lege Wert darauf, dass wir das alles eigentlich für uns schreiben. Wenn man dann andere daran teilnehmen lässt, dann ist das für mich so etwas wie ein Geschenk … und das zerpflückt man nicht.

Ähnliches kann man natürlich auch auf einer ganz privaten Ebene machen. Ich selber habe für mich einen Kreis gefunden, in dem wir auch an unseren Schreibversuchen arbeiten. Daraus schöpfe ich großen Gewinn, weil ich auch neue Seiten in mir entdecke und sehe, wie meine Fähigkeiten sich weiter entwickeln. Von den vielen Dingen, die mir quasi vor die Füße gelegt worden sind, habe ich nur einiges aufgreifen können. Bei mir geschieht so etwas meistens spontan, manchmal auch als Herausforderung.

Auf diese Weise ist mal ein Malkurs zustande gekommen, weil ich daran interessiert war zu zeigen, dass eigentlich jeder irgendwie malen kann. Die Ergebnisse waren verblüffend, und jetzt gibt es ein kontinuierliches Angebot von mir im Mütterzentrum. Interessant fand ich die Erfahrung, die ich dabei gemacht habe: Manche wussten ganz einfach nicht, dass sie malen konnten, weil sie den Anspruch hatten, etwas ›Perfektes‹ zuwege zu bringen. Als diese Hürde dann genommen war, wurde die Experimentierfreude groß. Es gefällt mir besonders, dass Anregungen mit nach Hause genommen werden und dass das bei manchen auch eine Hilfe für den Alltag ist. Gerade das Malen kann für viele, die sonst viel mit dem Kopf arbeiten, eine wichtige Ergänzung sein, Farben sind ohnehin etwas, was stark die Sinne anregt, und man kann das vor allem ganz allein machen.

Das Alter spielt in unserer Gruppe keine Rolle, weil wir uns alle jung fühlen. Es gibt auch keine direkten Konflikte, aber ich denke, es ist normal, dass jeder Mensch so was wie eine Grenze hat – und wenn man diese Grenze übersteigt, wird der andere auch mal verletzt. Das muss einem selbst gar nicht bewusst sein. Aber das gibt es in allen Gruppen.

Ich erlebe, wie unterschiedlich die Einzelnen auf neue Erfahrungen reagieren, und ich denke, dass da jeder auch immer mit verantwortlich ist für die Atmosphäre in einer Gruppe ... nicht nur die Leiterin allein.

Gesundheitlich gibt es schon einige Macken, die man mir aber wohl nicht ansieht ... die vertusche ich offensichtlich ganz gut. Auf diese Veränderungen stell' ich mich ein, und das gelingt mir auch. Wenn's dann mal nicht klappt, sage ich auch Nein. Ich habe gelernt, nichts gegen mich zu tun und habe festgestellt, dass ich dann nichts leiste, wenn mir einer was befiehlt.«

Maria hat diese Einstellung über herbe Verlusterlebnisse gewonnen, so dass sie jetzt mit gewissen Einschränkungen leben kann. Sie vergleicht sich mit einem Meer:

»Mal kommt die Brandung, mal die Ebbe ... aber ich weiß genau, nach der Ebbe kommt wieder die Flut. Ich lebe in einem ständigen Auf und Ab, aber mein Grundvertrauen ist nicht gestört. Da gibt es schon ein regelrechtes Gottvertrauen in mir, und ich bin überzeugt, dass mir eigentlich nichts passieren kann ... auch der Tod ist nicht schlimm.

Ich habe gelernt, meine Grenzen zu sehen und weiß, dass ich für mich selbst verantwortlich bin. Das Beglückende im Alter ist ja, dass man über sich selbst bestimmen kann. Es gibt zwar immer noch ein paar Abhängigkeiten durch meine Kinder und so, aber ich bestimme mich eben doch selbst.

In meinem sozialen Umfeld gibt es keine ganz engen Beziehungen. Bei mir läuft alles in einem gewissen Abstand, aber es trägt trotzdem. Zu viel Nähe geht bei mir nicht, dafür habe ich zu viele Verletzungen erlebt. Aber es fehlt mir nichts dadurch. Irgendwann habe ich bei all meinen persönlichen Problemen, die es gab, einen Schritt getan, durch den ich zu mir gefunden habe. Das war eine regelrechte Aufbauphase, in der auch viel über Meditation gelaufen ist. Heute kann ich sagen, dass mir die Mitte verlorengegangen war – und die habe ich wiedergefunden. Ich denke, solche Schlüsselerlebnisse soll man auch für sich behalten, die soll man nicht zerpflücken.«

Die Einschätzung von Alter erlebt Maria in unterschiedlichen Gruppen auch unterschiedlich:

»Meine Kinder finden es toll, was ich mache, loben die ›jugendliche Mutter‹ oft, und ich muss nicht mehr immer Vorbild sein. Das entlastet mich sehr; ich möchte auch keine Verantwortung für andere Menschen mehr übernehmen.

Unter den ehemaligen Kollegen bin ich natürlich die ›Alte‹. Es gibt auch nur noch vereinzelte Kontakte, und wenn wir mal zum Kaffee zusammenkommen, findet eigentlich kein wirklicher Austausch mehr statt. Mit dieser Erfahrung stehe ich allerdings nicht allein da.

Bei den Eltern meiner Schüler war ich schon lange die ›Alte‹ ... fühlte mich anfänglich ein wenig betroffen, hab' das dann aber nicht so ernst genommen.

Ich selbst komme mir heute jünger vor als mit 42 Jahren. Damals, nach der Trennung von meinem Mann, fühlte ich mich alt ... dachte an Altenheim und so ... wusste nicht, wo ich hingehörte und hatte Angst vor der Zukunft. Heute bin ich zuversichtlich und immer für neue Erfahrungen aufgeschlossen. Ja, selbst die Risikobereitschaft hat zugenommen, was früher nie so ausgeprägt war. Aber ich brauche auch Mitstreiter, und da macht meine jüngste Tochter kräftig mit.«

Als die Pensionierung kam, war Maria aufgrund ihres Gesundheitszustandes erst einmal erleichtert. Sie hatte sich auch lange schon auf diesen Wechsel vorbereitet. Ursprünglich wollte sie wegziehen, zurück an den Ort ihrer Kindheit, wollte ihr Haus verlassen und völlig neu anfangen. Aber es hat sich keine Wohnung gefunden, und zudem wurde sie krank.

»Inzwischen gibt es aber hier so viele Verbindungen«, erklärt sie dazu, »dass ich die auch nicht abbrechen möchte. Es war für mich immer klar, dass ich was Neues aufziehen wollte – und das ist ja auch gelungen.

Ob ich noch offene Wünsche habe?

Ich denke, ein Wunschtraum, der in mir lebendig bleibt, ist der, dass es jemanden gibt, der mich so annimmt, wie ich bin, mit dem man zusammenleben kann ... aber das muss nicht unbedingt ein Mann sein. Ich glaube, das ist bei jedem älteren Menschen der Fall, dass er sich nach etwas ›Schützendem‹ sehnt.«

Maria tut viel für sich selber, und sie tut das, was ihr in den Sinn kommt. Mal spielt sie Klavier, mal malt sie, liest oder sinniert auch vor sich hin.

»Dabei reagiere ich ganz spontan und kann mich stundenlang festbeißen. Was ich aber nicht kann, ist, das Haus in Ordnung halten – und deshalb ist bei mir auch Chaos.

Ich bin ein bisschen ein ›Stehauf-Männchen‹, bin kein Mensch, der jammert ... erwarte auch nicht, dass man mir hilft. Mein Lebensziel als junger Mensch war, dass ich heiraten wollte und mir Kinder wünschte. Lehrerin bin ich eigentlich nur geworden, weil ich nicht ohne Beruf bleiben wollte. Aber dann hat mir das alles doch sehr viel Spaß gemacht, vor allem, weil ich auch die musischen Fächer gewählt hatte.

Und eine Familie gab es auch, sogar mit vier Kindern. Die Schwangerschaften waren ein ganz großes Erlebnis für mich, auf das ich nie verzichten möchte.«

Als die Kinder noch klein waren, hat sie zunächst ihren Beruf nicht ausgeübt; später konnte sie dann eine halbe Stelle annehmen. Das war mit der Familie gut in Einklang zu bringen, und auch der finanzielle Rahmen schien damals stabil zu sein. Neben allem hat sie auch immer etwas für sich ganz allein getan, und das hat sich bis heute gehalten und sogar noch verstärkt.

»Wichtig ist für mich schöpferische Arbeit: etwas zu tun ... aus nichts was machen ... dann fühle ich mich ausgefüllt«, sagt sie mit Begeisterung. »Allein die Tatsache, dass etwas fertiggestellt ist, macht mich glücklich. Mit dem Geistigen kann ich demgegenüber nicht allzu viel anfangen ...

Es gibt in meiner jetzigen Lebensphase viele neue zwischenmenschliche Kontakte, die auch wirklich was mit mir zu tun haben; nicht wie früher, dass sie durch bestimmte Funktionen zustande gekommen sind.

Wenn ich mein Leben überdenke, so gibt es bestimmte Erkenntnisse und Erfahrungen, die mir wesentlich erscheinen: Die wichtigste Sache ist, sich selbst zu finden. Man sollte auch eigene Fähigkeiten ausbauen und Vorlieben verstärken.

Eine Bereicherung für das Leben scheint mir zu sein, immer neugierig zu bleiben, und für die Selbstbestätigung ist es von Bedeutung, gerade auch im Alter neue Aufgaben zu finden und sie auch zu übernehmen.

Mit dem Tun wächst die Lebendigkeit und die Kraft. Ich wünsche mir, dass ich noch lange das tun kann, was ich möchte ...«

★ ★ ★

Wenn es darum geht, neue Tätigkeitsfelder für »junge Alte« zu finden, sind der Phantasie keine Grenzen gesetzt.

Die Palette reicht von hochqualifizierten mobilen Fachleuten, die als »Entwicklungshelfer« im Seniorenalter ihr Know-how zur Verfügung stellen, über pensionierte Experten, die Dienstleistungen für Jüngere anbieten, bis zu Studienräten u. a., die als Reiseleiter fungieren. Es gibt regelrechte Arbeitsvermittlungsstellen von Senioren für Senioren.

Neben diesen teilweise gut dotierten Aufgaben sind es aber vor allem auch ehrenamtliche Tätigkeiten, die als »Dienst« an der Gemeinschaft verstanden werden und gleichzeitig einen hohen Belohnungswert vermitteln.

Eine Aufgabe haben, Anerkennung finden, gebraucht werden ... all diese Punkte sind wichtig für das Selbstwertgefühl, das leicht ins Wanken geraten kann, wenn die Ruhestandsphase eintritt. In den letzten Jahren hat sich gerade im Bereich Seniorenarbeit eine neue Art Ehrenamtlichkeit entwickelt, deren Anliegen darin besteht, sinnvolle Aufgabenfindungen möglich zu machen.

Die Palette der Organisationsformen ist vielseitig, wird wohl auch von den jeweiligen Trägern – Wohlfahrtsverbände, Kirchen, Kommunen etc. – mit beeinflusst. Aber es bilden sich zunehmend auch unabhängige Initiativgruppen mit größerer Offenheit, die ihr eigenes Profil finden und Dank ihrer Autonomie flexibler auf Wünsche, Erwartungen und Bedürfnisse der Zielgruppen eingehen können.

Für mich war es interessant, in diesem Bereich Aktivitäten kennen zu lernen, die als »Wissensbörsen« oder »Freiwilligenzentren« bereits zu einem bekannten Begriff geworden sind. Die Ausgestaltung solcher Einrichtungen ist recht unterschiedlich, in der Zielvorstellung jedoch entsprechen sie sich weitgehend:

Senioren bieten ihre Fähigkeiten an, um anderen Menschen – jung wie alt – bei entsprechenden Wünschen und Bedürfnissen weiterhelfen zu können. Es entsteht dabei eine Art Börse für Angebot und Nachfrage, die zu erstaunlichen Ergebnissen führen kann – und das alles formiert sich als Ideenmarkt für Jung und Alt.

Eine kleine Auswahl solcher Angebote und Wünsche mag veranschaulichen, wie weitgreifend sich diese Initiativen entfalten können:

- Da übernehmen Senioren Gesprächskreise für Philosophie, Fremdsprachen, Kunst, Theater und vieles mehr.

- Andere stellen ihr Wissen über »natürliche Gärten« zur Verfügung, bieten Beratung und Kontakte für Tierfreunde an.
- Hilfen beim Schreiben von Texten und Briefen sind ebenso vertreten wie die Bereitschaft zum Vorlesen für Pflegebedürftige oder Kinder, teils auch in Kindergärten.
- Tätigkeiten »rund um Haus und Garten« findet man auch, ebenso Hilfsangebote beim Reparieren von Holzspielzeug, Weitergabe von Kenntnissen bei Handarbeiten, Basteln, Töpfern …
- Eine bevorzugte Stellung nimmt der Bereich Kontaktaufnahme ein. Da wünscht man sich: Kontakte zu ernsten Gesprächen,
- zu gemeinsamem Theater- und Konzertbesuch, zum Musizieren,
- zu Spiel- und Wandergruppen.
- Die Leihoma bietet sich ebenso an wie die Katzenfrau.
- Auch die Betreuung von Haus und Garten in der Urlaubszeit,
- Hilfen für Einkäufe und Behördengänge bei Kranken, Älteren etc. stehen im Angebotskatalog.
- Es haben sich Kochinteressierte zusammengefunden und auch kleine Literaturgruppen gebildet,

und die Palette erweitert sich zunehmend, je mehr man über diese Einrichtungen erfährt.

Die Initiatoren haben in den Fällen, die ich kennen gelernt habe, einen langen Atem bewiesen, haben mit viel Ausdauer und persönlichem Engagement den Grundstein für diese Entwicklung gelegt. Den Aufbau haben alle Beteiligten mitbewirkt.

Wem solche Unternehmungen nicht liegen, der mag sich für Weiterbildungsangebote entschließen und kann auf die bewährten Vorteile hoffen:

Man ist beschäftigt, trainiert den Geist, genießt persönliche Erfolgserlebnisse und hat auch noch Chancen, neue Bekannte zu finden.

Die Frage nach einer persönlichen Sinnfindung im Leben durchzieht mehr oder weniger die Lebensbiografien und wird im Allgemeinen im Alter noch verstärkt.

Plötzlich sieht man sich mit der Endlichkeit des Daseins konfrontiert – und nicht umsonst wird die Auseinandersetzung mit dieser Frage als eine wichtige Entwicklungsanforderung im Alter bezeichnet.

Dabei steht jeder einzelne Mensch in der Pflicht, seine eigene Antwort zu finden, zumal gerade in der heutigen Zeit die Verbindlichkeit kirchlicher »Botschaften« an Kraft verloren hat.

Im Alter wächst auch bei fast allen Menschen die Ehrfurcht vor der Natur und den Kunstwerken, weil man sich öfter die Frage nach den größeren Zusammenhängen stellt.

Johanna setzt sich mit Sinnfragen auseinander

Wer im Zeichen der Selbstbestimmung
Themen und Gegenstände
nach eigenem Interesse,
Liebhabereien vom Liebhaben her wählt,
wer Zeit und Kraft für sie aufwendet,
wer nachdenkt und in sich hineinhorcht,
dessen Lotungen reichen tiefer
und dessen Bestimmtheiten erfolgen
mehr von innen denn von außen.

(Ulrich Beer in »Altern kann man lernen«)

Johanna hat die Frage nach der Sinnfindung zum Kernpunkt unseres Gespräches gemacht:

»Seit meiner Pensionierung habe ich mir angewöhnt, ohne festgelegtes Programm zu leben. Es hat lange gedauert, eh ich mich so vorbehaltlos öffnen konnte, und jetzt bin ich neugierig auf jeden Tag, der sich immer wieder neu entwickelt.

Es macht mir dabei viel Spaß herauszufinden, was sich von ganz allein ergibt und was ich in Gang gesetzt habe – und ich bin oft überrascht, wie vielschichtig die Anregungen sind, die man bewusst oder unbewusst beantwortet.

Wenn man solchen Entwicklungen nachspürt, kommt manchmal etwas ganz Abenteuerliches dabei heraus ... das ist wie eine Entdeckungsreise nach innen, die bisweilen aufregend und erheiternd, aber auch bedrückend und ernüchternd sein kann. Wenn's mich danach drängt, lasse ich mich auch mal in meinem Tagebuch darüber aus, denn diese Beobachtung ist für mich auch eine Erkenntnis, wieweit wir durch äußere Einflüsse bestimmt werden. Ansonsten aber benutze ich mein Tagebuch für tägliche Eintragungen über das, was ich getan habe. So habe ich das übrigens in meinem Leben immer gehalten.«

Johanna genießt ihren jetzigen Zustand sehr, weil sie ja ihr ganzes Leben hindurch in starkem Maße von zeitlichen Programmen »diktiert« wurde.

»Wie sonst hätte ich meine Familie und meinen Doppelberuf miteinander in Einklang bringen können. Trotzdem war ich glücklich dabei und habe dieses Leben als sehr kostbar empfunden. Wenn ich mir heute den Luxus leisten kann, mein Leben ohne Zeitbindungen einzurichten, so ist das eine neue Erfahrung für mich, die ich auch voll auskoste.«

Johanna fühlt sich sehr erleichtert, nichts mehr leisten zu müssen, nichts mehr versäumen zu können. Um so mehr kann sie ihrem Wissensdrang nachgeben, denn sie sieht noch ein weites Feld vor sich, das den Reiz des Unbekannten nicht verloren hat.

»Ich habe schon immer hinter die Dinge schauen wollen ... jetzt habe ich endlich die ›freie Zeit‹, mich tiefer mit bestimmten Fragen zu beschäftigen, muss nicht daran denken, dass Wichtiges dabei vernachlässigt wird. Diese Einbindungen in notwendige Tagesabläufe, berufliche Verpflichtungen und zeitbegrenzte Aufgabenstellungen, sind bei allem Idealismus auch eine gewisse Fessel gewesen, die man allerdings meistens erst viel später als solche erkennt. Dennoch hätte ich es nicht anders haben mögen. Heute ist eben heute ... und ich glaube, dass es für mich nichts Wichtigeres gibt, als dringenden Wünschen Raum zu geben.«

Johanna nimmt bei sich in letzter Zeit – sie ist jetzt 72 Jahre alt – einen verstärkten Drang wahr, nach »innen« zu schauen, wie sie es nennt, und sie erlebt dabei »Kostbarkeiten« ihres Gefühls, in größere Zusammenhänge eingebunden zu sein.

»So etwas lässt sich nicht beschreiben«, erklärt sie mir, »das muss man in sich gefühlt haben. Aber dazu ist eine große innere Ruhe nötig, um die man sich auch ein wenig bemühen muss, denn die wächst einem nicht ohne weiteres zu.

Es ist für mich schon eine beglückende Gewissheit, dass ich erkannt habe, dass meine geistige Existenz fortleben wird, in welcher Weise auch immer das geschehen mag. Das ist eine ganz persönliche ›Findung‹, die ich nicht verallgemeinern möchte.«

Aus dieser Gewissheit erwächst auch ihr Wunsch, nach immer weiterer Erkenntnis zu suchen und seelisch daran zu reifen.

»Das ist für mich so etwas wie die Vorwegnahme eines Zustandes, nach dem ich mich sehne und auf den ich mich in kleinsten Schritten zubewege ... und dieses Gefühl führt zu innerlicher Weite.«

Johanna möchte ihre Lebensreise jedenfalls nicht so beenden, dass sie sich einmal sagen muss, die ihr geschenkten geistigen Möglichkeiten nicht genutzt zu haben.

»Dabei ist mir sehr wohl bewusst«, schränkt sie ein, »dass wir immer Suchende bleiben werden; dass es immer wieder Sackgassen, Irrtümer und auch Zeiten der Resignation geben wird ... aber es sollte doch nie ein Stillstand daraus werden.

Pascal hat einmal gesagt: ›Die ganze sichtbare Welt ist nur eine unmerkliche Falte im weiten Gewand des Alls‹, und er sagt weiter: ›Die Suchenden würden nicht suchen, wenn sie nicht schon gefunden hätten‹.

Dieser geistigen Grundhaltung fühle ich mich sehr nahe. Ich weiß, dass mein Suchen ein weitliegendes Ziel anstrebt, aber – um es mit Brecht zu sagen – ›weiter weg als ein weitliegendes Ziel liegt KEIN Ziel‹.«

Johanna hat beruflich und familiär ein erfülltes Leben gehabt. Neben ihrer pädagogischen Tätigkeit konnte sie sich als Konzertsängerin profilieren, und ihre Familiensituation bezeichnet sie als eine gelungene Gemeinschaft, in der es Freiräume und echte Gemeinsamkeiten gab. Vor fünf Jahren hat sie ihren gleichaltrigen Mann verloren, der einem Sekundenherztod erlegen ist. »Eine Gnade des Schicksals für ihn«, sagt sie dazu, auch wenn der Verlust starke Narben in ihr zurückgelassen hat.

Zu ihren beiden Töchtern gibt es eine geistig lebendige Verbindung, die bei aller räumlichen Distanz nichts an Vertrautheit verloren hat. Aber – »ihr Lebensbereich gehört ihnen ganz allein, meine Mutterrolle sehe ich als beendet an«, versichert sie mir. Und ich glaube es ihr. Zu deutlich ist die Souveränität spürbar, mit der sie ihr Leben gestaltet. Es scheint ihr gelungen zu sein, sich von abhängigen Bindungen freigemacht zu haben, und sie wünscht sich, einmal so sterben zu dürfen, wie sie leben konnte ... ohne Angst und mit einem starken Glauben an Gott.

»Ich bilde mir ein, heute schon abtreten zu können, wenn meine Zeit zu Ende sein sollte«, meint sie. »Darauf kann man sich ja geistig vorbereiten – und ich bin neugierig auf das, was danach kommt.«

Mir kommt das resignativ vor, doch das weist sie entschieden zurück. »Ich glaube, mein Leben einigermaßen gemeistert zu haben, und ich habe nicht das Gefühl, irgend etwas nachholen zu müssen. Man kann nicht alles im Leben getan haben.« Und sie fährt fort: »Für mich hat es so viele wertvolle und schöne Erfahrungen und Erlebnisse gegeben, dass ich meine Zeit jetzt voll genießen kann, aber nicht mit allen Fasern an ihr hänge. Ich weiß es auch sehr zu schätzen, dass ich mir mein Leben einrichten kann, wie es mir gefällt; dass ich Pflichten nicht als Verpflichtung ausführen muss, sondern die mir selbst gestellten Aufgaben mit freudiger Bereitschaft erledigen kann. Insgesamt, so kann ich sagen, unterscheidet sich meine Vorstellung vom Alter kaum von dem, wie ich jetzt lebe – aber das heißt trotzdem nicht, dass ich nicht auch Abschied nehmen könnte.«

Und freimütig erklärt sie weiter, dass sie sich auch Rechenschaft über ihr gelebtes Leben gegeben hat; dass sie selbstkritisch die einzelnen Stationen ihrer Biografie abgeklopft hat.

»Das gehört für mich auch in diese Lebensphase hinein. Und da hat es gelungene Phasen ebenso gegeben wie gelegentliche Einbrüche, wie das ja wohl bei jedem Menschen ist. Ich halte es nur für wichtig, dass man seine Bilanz entsprechend bewertet; dass man sich auch verzeihen kann, wenn man hin und wieder versagt hat; wenn man Chancen nicht hat nützen können, die vielleicht wichtig gewesen wären; wenn man sicher auch anderen Verletzungen zugefügt hat… ohne sie zu korrigieren. Das allerdings sollte man schnellstens nachholen, wenn es dazu noch nicht zu spät ist«, meint sie mit eindringlichem Ton. »Die Zeit wird knapp, und man kann nicht darauf warten, dass sich die Rechnungen von selbst erledigen. Ich jedenfalls fühle mich in der Verantwortung, eventuelle Versäumnisse nachzuholen. Auch das Vergessen und Vergeben gehört für mich dazu. Doch da hat jeder sicher seine eigenen Wertmaßstäbe.«

Wir sprechen darüber, wie stark Wertvorstellungen mit der Sinngebung des eigenen Lebens verknüpft sind, stimmen überein, dass die Sinnfindungen von der jeweiligen Lebenssituation abhängig sind. Ja, dass es eine wohl nie endende Aufgabe bleibt, in bestimmten Lebensphasen den ihnen gemäßen Sinn zu erfassen – und dass es darüber hinaus so etwas wie einen Sinnzusammenhang gibt, der sich aus unterschiedlichen Sinngebungen zusammensetzt.

Johanna findet dafür den Begriff »subjektive Lebensphilosophie«.

»In meinem bisherigen Leben waren für mich familiäre, berufliche und materielle Ziele ein wichtiger Teil der Sinngebung – aber die Vorzeichen haben sich jetzt gewandelt.

Ich meine, dass wir nicht alles an Sinnfindung aus uns selbst holen können, und für mich sind insbesondere die Literatur und Philosophie eine unerschöpfliche Quelle zur Vertiefung meiner Gedanken geworden. Das hilft, mir meine Existenz in der Welt begreifbarer zu machen.

Manchmal gibt es spontane ›Lichtblicke‹ für mich, die ich dann auch in Worte zu fassen versuche, damit mir diese Erkenntnisse klarer werden und nicht wieder verloren gehen. Diese Einsichten zähle ich zu den ausgesprochenen Glücksmomenten in meinem Leben.

Überhaupt schreibe ich mir sehr viel von der Seele, privat! Neuerdings habe ich auch die Lust zum Briefeschreiben wieder entdeckt. Jetzt finde ich endlich Zeit und Muße dazu, und es gibt auch Freunde und Bekannte, denen ich gerne mitteile, was mich bewegt. Das ist für mich eine andere Art Gedankenaustausch als beim Telefonieren. Allein der Faktor Zeit spielt dabei schon eine große Rolle. Ich möchte sogar sagen, dass selbst die Intensität eine andere ist und der innere Dialog beim Schreiben, den ich mit den Menschen führe, an die ich mich wende, stimuliert meine Vorstellungskraft ganz ungemein. Ich weiß, dass diese Art des Gedankenaustausches nicht jedermanns Sache ist und freue mich sehr darüber, dass es Menschen gibt, die meine Neigung teilen. In unserer Zeit ist es ja gar nicht mehr selbstverständlich, einen ausgeprägten Briefwechsel zu pflegen.

Bei meinen persönlichen Tagebuchnotizen bin ich mir bewusst, dass meine Töchter alles einmal lesen können.

Aber das hält mich nicht davon ab, auch ganz intime Gedanken festzuhalten. Warum sollte ich etwas vor ihnen verbergen, was zu meinem Leben gehört? Vieles lässt sich ohnehin leichter schreiben als sagen, und außerdem sind wir ja nicht mehr ständig zusammen, so dass auch manches ungesagt bleibt. Ich habe keine Probleme damit, dass sie vielleicht die eine oder andere Seite von mir kennen lernen könnten, die ihnen bis dahin verschlossen war.«

Wir kommen schließlich darauf zu sprechen, was sie unter dem Begriff Reife versteht, und es fällt ihr nicht schwer, ihre Vorstellungen zu verbalisieren.

Mir fällt dabei auf, wie weit sie sich selbst noch von diesem Zustand entfernt glaubt, »aber es bleibt mir hoffentlich noch genug Zeit, mich zu einem reifen Menschen zu entwickeln«, fügt sie lächelnd hinzu. »Vielleicht gelingt es mir dann, anderen Mitmenschen und den Dingen des Lebens in heiterer Gelassenheit zu begegnen, ohne oberflächlich zu sein; vielleicht vermag ich dann in verstärktem Maße, Andersdenkenden gegenüber tolerant und großzügig zu sein. Nicht ›urteilen‹, sondern ›besser verstehen‹ lernen, das wäre ein Wunschziel von mir.«

Am Ende unseres Gespräches frage ich sie, wie sie zu ihrem Alter steht.

»Da gibt es nichts zu beschönigen und nichts zu dramatisieren«, antwortet sie unkompliziert und locker. »Ich befinde mich da in einem ganz natürlich sich verändernden Prozess – das muss so sein. Was einmal in reichlichem Maße vorhanden war, ist jetzt weniger geworden ... und anderes kann dafür jetzt weiter wachsen ... für mich heißt das: mehr Geduld, mehr Bescheidenheit, und immer tiefere Erkenntnis.

Auch wenn sich vieles ›verbraucht‹ hat – immerhin steht das achte Lebensjahrzehnt vor der Tür – so fühle ich mich dennoch jung im Sinne Gerhard Hauptmanns, der einmal sagte: ›Wahre Jugend ist Freude an der eigenen Körperlichkeit, Freude an der eigenen Geistigkeit, sie ist Liebe als enge persönliche sowie soziale Verbundenheit, ist frohes Bejahen von Natur, Welt und Gott – und überall Hoffnung, Glaube, ja Zuversicht ...«

Nach dem Gespräch mit Johanna kommen mir die nachfolgenden Verse in den Sinn:

Ein jeder wird aus sich heraus bewegt
und schreibt mit eigener Hand
am Stundenbuch der Zeit.
Selbst in dem kleinsten Tun
liegt das Geheimnis deines Weges
und in dem Meer von Möglichkeiten
bleibst du, im Spiegel der Vergangenheit
auf Zukunft hin verpflichtet.
Auch du bist eingebunden
in uns verschlossenes rätselhaftes Wirken,
das sich im Schöpfungswillen weit verzweigt
und aufgehoben ist
in Gottes Unergründlichkeit.

Ilse will sich nicht »outen«

So selbstverständlich wie Johanna geht Ilse nicht mit ihrem ›Altenbild‹ um.

»Zu meinem Alter habe ich im Laufe der letzten Jahre eine ganz ambivalente Einstellung entwickelt. Dabei hatte ich immer gedacht, dass mir das Altern nie Probleme machen könnte. Aber das denkt sich so leicht hin, wenn man selber noch nicht betroffen ist.

Ich glaube, dass das schon auch damit zu tun hat, inwieweit man sich im Kreis von Gleichaltrigen oder von Jüngeren bewegt. Mit meinen 67 Jahren – und immer noch berufstätig! – fühle ich mich jung wie eine Endfünfzigerin, werde oft auch so eingeschätzt, und ich merke eigentlich nur dann und wann, dass meine Reserven etwas schneller verbraucht sind, der ›Akku‹ öfter wieder aufgeladen werden muss ... aber das lässt sich einrichten.«

Ilse, 67-jährig, ist als Freiberuflerin in der Werbebranche tätig und hat gerade ein Seminar über Kommunikationsstrategien in Problemsituationen besucht. Ihre Tätigkeit macht ihr besonders deshalb viel Spaß, weil sie sich immer wieder auf neue Menschen einstellen muss, was sie ganz aufregend findet. Sie kann sich die Arbeitszeit ganz nach ihren Wünschen einteilen und hat damit auch die Möglichkeit, ihre eigenen Belastungsgrenzen zu bestimmen.

»In meinem Beruf muss man besonders flexibel und immer gut beieinander sein«, erklärt sie mir, »und eine gute Portion ›Jugendlichkeit‹ ist auch erwünscht. Wenn man mich heute nach meinem Alter fragt, was nur selten vorkommt, dann antworte ich immer mit einer Gegenfrage, für wie alt man mich denn hält? Inzwischen mache ich mir ein regelrechtes Spiel daraus und beobachte mit großem Vergnügen, wie die Einzelnen darauf reagieren. Mein wirkliches Alter gebe ich dabei so gut wie nie preis.

Ich denke nicht, dass ich damit mein Alter verdränge, wähle nur den Weg des geringsten Widerstandes. Was würde es sonst an Mühe kosten, den anderen beweisen zu müssen, wie fit ich mit 67 tatsächlich noch bin? Mir selbst ist längst klar, dass das nächste Lebensjahrzehnt immer näher rückt und auch viele Veränderungen mit sich bringen wird.

Es interessiert mich aber, wie mich meine Umwelt wahrnimmt und einschätzt, ohne durch die Zahl an Jahren beeinflusst zu sein. Wer da nämlich glaubt, das sich das Altersbild im Allgemeinen grundsätzlich verändert hätte, kennt die tatsächliche Meinung und Einschätzung nicht. In Ausnahmefällen mag das zwar anders aussehen – und dann müssen es möglichst noch herausragende Persönlichkeiten sein – aber die Regel ist das nicht. Als 70-Jährige steht man schnell auf einem Abstellgleis, zählt kaum noch zu denen, mit denen man rechnet. Es ist nach allgemeiner Einschätzung eben alles begrenzter geworden: der geistige Horizont, die Gesundheit, die Aktivität, die Beweglichkeit, das Einfühlungsvermögen, ja, natürlich auch die Lebenszeit ... und mitunter der Geldbeutel, was vor allem diejenigen vermissen, die sich gerne einer gewissen Großzügigkeit im Nehmen bedient haben.

Natürlich kennen meine nahen Freunde mein tatsächliches Alter. Aber auch hier zeigen sich manchmal gewisse ›Feinheiten‹ in der Einschätzung und Bewertung, indem man sich nämlich darüber wundert, was ich alles NOCH unternehme und bewältige ... ›in meinen Jahren‹!

Besonders lustig finde ich es dann, wenn solche Äußerungen von Menschen kommen, die kaum jünger sind als ich. Aber – ›alt sind immer nur die Anderen, alt ist man nie selbst‹.

Das trifft sicherlich auch für mich zu. Trotzdem: in meinem Kopf und im Herzen genauso habe ich längst von vielen Gewohnheiten und Vorhaben Abschied genommen, die ich gerne noch beibehalten oder mir erfüllt hätte. Ich spüre schon, dass ich nicht mehr so risikofreudig bin wie früher, und meine Bilanz weist schon manche Veränderung auf.

Sportliche Betätigungen? Ja! Aber nicht mehr rasante Skiabfahrten, sondern Langlauf. Tennisspielen? Macht die Wirbelsäule nicht mehr problemlos mit, und Parade-Tennis ist nicht mein Ding. Beim Schwimmen müssen es nicht gleich 1000 Meter sein, fünf Bahnen tun es auch ... und wenn ich mit dem Rad unterwegs bin, genügen mir auch Touren von 20 bis 30 Kilometern – mit schönen Pausen zwischendurch.

Ich beobachte ebenfalls, wie ich schubweise älter werde, und dass die Spuren deutlicher werden. Da bleibt es nicht bei Fältchen im Gesicht, da ist schnell der ganze Tonus weg ... Ja, das alles kann ich ganz gut akzeptieren, nur wehre ich mich dagegen, wenn man mir meine ›Jahre‹ als Mangel zudiktiert, wenn man mir meine eigenen Dinge nicht mehr zutraut – körperlich oder intellektuell –, obwohl ja eigentlich alles noch bestens läuft.

Die frappanteste Erfahrung habe ich gerade im Bekanntenkreis gemacht, in dem ich bisher als 60-Jährige gehandelt wurde. Seitdem aber durch Zufall mein tatsächliches Alter bekannt geworden ist, packt man mich in Seide und spart mich auf sanfte Weise aus.

Hand aufs Herz: Sollte ich mich da nicht besser ›schützen‹ – und eben nicht offen ›zeigen‹?

Noch läuft die Verständigung nicht mit Verstärker, noch dreht sich mein Gedankenkreisel nicht ausschließlich um meine Person. Noch kann ich ganz gut zuhören, ohne geschwätziger geworden zu sein, wie mir jedenfalls öfter gesagt wird. Ist das überheblich? Oder sehe ich vielleicht den Balken im eigenen Auge nicht?

Ich denke, ich stehe mit meiner Erfahrung nicht allein da, nur die wenigsten sprechen darüber, weil man sich nicht verdächtig machen will.

Dabei braucht man sich nur umzuhören und umzusehen, welche Muster im Umgang mit Älteren ablaufen. Da muss man sich nicht gleich in der Einschätzung anderer irren oder eine besondere Sensibilität für solche Verhaltensweisen entwickelt haben. Natürlich bin ich auch empfindlicher geworden ... eben weil ich diese Vorurteile zur Genüge kenne. Es ärgert mich auch ein wenig, dass ich mich davon noch nicht freigemacht habe, denn mein Selbstbild wird doch ganz schön dadurch beeinflusst. Ich bin aber ziemlich sicher, dass sich das sehr schnell ändert, wenn ich nicht mehr berufstätig bin. Und das wird in zwei Jahren der Fall sein.

Vielleicht ist das für mich dann die ›späte Freiheit‹, die Sie angesprochen haben ...«

Ich denke anschließend noch ein wenig nach über den Ausspruch von Betty Friedan in ihrem Buch »Mythos Alter«:

»Das Streben nach Jugend hat uns blind gemacht für die Möglichkeit des Alterns.«

Und wie sagte Albert Schweitzer?

> »*Niemand wird alt, weil er eine bestimmte Anzahl von Jahren gelebt hat.*
> *Menschen werden alt, wenn sie ihre Ideale verraten. Jahre runzeln die Haut, aber den Enthusiasmus aufgeben, runzelt die Seele.*«

Eine Gruppe sucht ihren Weg

Mit Eintritt des Ruhestands – oder Vorruhestands – beginnt für die meisten Menschen ein völlig neuer Lebensabschnitt.

Nur wenige haben für diese Lebensphase schon konkrete Vorstellungen entworfen, haben sich hier oder da über unterschiedliche Möglichkeiten der Lebensgestaltung informiert oder sind gar mit festen Plänen befasst.

Von dem Zwang und der Last des Berufslebens befreit, sehnen sich die meisten zunächst nach einer Auszeit, um endlich versäumte Gelegenheiten nachholen und dringende Bedürfnisse befriedigen zu können. Doch bald schon regt sich bei vielen auch der Wunsch nach einer neuen Aufgabe, weil sie die oft als Leere empfundene Zeit sinnvoller ausfüllen möchten.

Aber wie und wo gibt es dazu Gelegenheiten?

Mit dieser Frage bleibt so mancher allein und gibt mangels unzureichenden Wissens über vorhandene Möglichkeiten sein Vorhaben leicht wieder auf. Wenn außerdem noch der Wunsch vorhanden ist, etwas Nützliches für das Gemeinwohl tun zu wollen, wird die Suche nach möglichem Engagement umso schwieriger. Es sei denn, man reiht sich in die Liste all derer ein, die in kirchlichen, politischen oder sportlichen Organisationen aktiv sind. Allein, solche Anbindungen liegen nicht jedem und wer selbstbestimmt und unabhängig tätig werden möchte, ohne sich von vorgegebenen Interessen leiten zu lassen, hat die Qual der Wahl.

Mit welchem Angebot könnte man wen erreichen? Wo gibt es noch eine Nische für Aktionen, die über den eigenen Wirkungsbereich hinausgreifen und bisher nicht von anderen besetzt sind? Und wenn man schließlich findig geworden ist, wie macht man dann auf sich aufmerksam? Als Einzelperson gibt es da wenig Aussicht auf Erfolg, hilfreicher ist der Versuch, sich zu mehreren zusammenzutun, gemeinsam Zielvorstellungen zu entwickeln und zu versuchen, ihre Umsetzung zu realisieren.

Über ein solches Beispiel möchte ich berichten, da es mich hinsichtlich seiner Vielseitigkeit und Nachhaltigkeit – ein in jüngster Zeit bevorzugter Begriff – besonders beeindruckt hat.

Alles hat seinen Anfang genommen in einem Volkshochschulkurs, der unter dem Thema »Fragen des Alterns« angeboten worden war. In diesem Kurs trafen Menschen unterschiedlichen Alters mit sehr verschiedenen Biografien aufeinander, die sich in ihrer gegenwärtigen Lebensphase neu orientieren wollten. Es stellte sich bald heraus, dass mehrere von ihnen – Männer wie Frauen – auf der Suche nach einem vielgestaltigeren Lebensinhalt waren als sich einzig auf die Familie oder eine ausgiebige Freizeitgestaltung zu beschränken, da sie sich nicht hinreichend ausgefüllt fühlten. Gegen Ende der Veranstaltung über zwei VHS-Semester hinweg hatten sich dann sechs Personen – drei Männer und drei Frauen – gefunden, die gemeinsam etwas auf die Beine stellen wollten. Zu diesem Zeitpunkt war keinem von ihnen klar, was das sein könnte. Einig war man sich nur darin, dass es Tätigkeiten im Sinne des Gemeinwohls sein sollten. Als Gruppe, so hoffte man, wäre der Findungsprozess ergiebiger und einfacher, als wenn man sich im Alleingang abmühte.

Nun haben es Gruppenbildungen an sich, dass sie schnell wieder auseinanderfallen, wenn ihnen ein Antriebsmotor fehlt. In meinem Beispiel hat ein erfahrener Dipl.-Ingenieur, der mit 58 Jahren in Vorruhestand gegangen war, gleich zu Beginn die Rolle eines Organisators übernommen und wurde damit zur Leitfigur. Er stellte einen unverbindlichen Arbeitsplan auf und schlug regelmäßige Arbeitstreffen vor. Andere fühlten sich dadurch motiviert und wurden auf ihre Weise aktiv. So nahm gleich danach eine 65-jährige Mitstreiterin, bisher im Lehrberuf tätig gewesen, Kontakt zum Leiter des Seniorenbüros auf, zu dessen Aufgaben es neben anderem gehört, ehrenamtliches Engagement mit Rat und Tat zu unterstützen und zu fördern. Beide Initiativen stellten sich im weiteren Verlauf als ungemein förderlich heraus.

Der Leiter des Seniorenbüros war über das Vorhaben der Gruppe hocherfreut, stellte einen Raum für die Arbeitstreffen zur Verfügung und blieb als Berater für das angestrebte Engagement unter Berücksichtigung der besonderen Organisationsstrukturen in der Stadt konstruktiv eingebunden. Man überlegte hin und her, wo es vielleicht eine Angebotslücke geben könnte, um nicht mit bereits vorhandenen Aktivitäten anderer Vereine oder Institutionen wetteifern zu müssen. Nach vielen Arbeitssitzungen und eingehendem

Gedankenaustausch, nach Literaturstudium über Seniorenarbeit und Teilnahme an einer Informationsveranstaltung über das »Neue Ehrenamt« hatte sich schließlich ein Aufhänger gefunden. Es war anzunehmen, dass sich auch andere Menschen in ähnlicher Weise schwer taten, etwas für sie Interessantes zu finden. Und genau da könnte man vermittelnd tätig werden, quasi eine Anlaufstelle für Personen einrichten, die sich selbstbestimmt ehrenamtlich engagieren möchten.

Darüber hinaus wollten sie die Öffentlichkeit mit eigenen Projekten auf sich aufmerksam machen und zugleich auf diesem Wege auch um neue Mitstreiter werben.

Wie gedacht – so getan!

Man gab sich als Gruppe einen Namen, richtete einen Bürodienst ein und einigte sich auf mehrere Aktivitäten, die je nach Interessenlage und Kompetenz von den einzelnen Mitgliedern der Gruppe ausgeführt werden sollten.

Das abgestimmte Angebot bestand aus sportlichen Unternehmungen von der damals noch unbekannten Walking-Gruppe bis zur Organisation von Radtouren; es gab Hilfen im Schriftverkehr für Ältere und Ausländer, sowie Übersetzungen von »historischen« Dokumenten; Schularbeitenaufsicht und Vorlesen in Kindergärten und Altenheimen; Vorbereitung und Durchführung von Vortragsveranstaltungen zu aktuellen Themen für Ältere – und als Novum in ihrer Stadt eine »Akustische Lokalzeitung«. Besonders viel versprechend erschien ihnen der Aufbau einer organisierten Nachbarschaftshilfe, eine Aktion, die sich zu der Zeit als bundesweite Bewegung in Form von Tauschbörsen oder Tauschringen zu etablieren begann.

Ausgerüstet mit Informationsmaterial über ihre Zielsetzung und entsprechenden Flyern zu den jeweiligen Projekten, stellte sich die Gruppe der Presse und der Öffentlichkeit vor. Und die Neugier auf ihre Resonanz war groß.

Alles lief nach Plan! Die kostenlosen sportlichen Angebote wurden spontan angenommen und haben sich schnell dauerhaft bewährt. Heute, nach fünf Jahren, gehören sie zum festen Bestandteil ehrenamtlichen Engagements in der Stadt und sind bei den jeweils 50–60 Teilnehmern sehr beliebt. Auf die übrigen Projekte musste in der Presse immer wieder aufmerksam gemacht werden, ehe sich dafür eine Nachfrage ergab. Erfreulicherweise spielte die Presse Dank der Unterstützung des Seniorenbüros eifrig mit. Der Schriftverkehr wurde nur vereinzelt in Anspruch genommen, wogegen die Vortragsveranstaltungen regelmäßig in einem dreimonatigen Rhythmus stattfinden. Einzig die Schularbeitenaufsicht und das Vorlese-Angebot fanden keine Abnehmer.

Für die Nachbarschaftshilfe musste besonders viel Aufwand betrieben werden, da man zunächst über einen Anfangserfolg nicht hinaus kommen konnte. In diesem Fall hat es sich als äußerst hilfreich erwiesen, dass die Organisatorin, eine 59-jährige Masseurin, ideell und pragmatisch von der Gruppe unterstützt wurde, um nicht die Lust an der Aufbauarbeit zu verlieren und vorzeitig aufzugeben. Heute nach fünf Jahren ist der »Tauschring«, wie sich dieses Projekt nennt, auf 100 Mitglieder angewachsen und gilt als eine sozial beachtenswerte Einrichtung.

Über die »Akustische Lokalzeitung« berichtet Josefine, die Urheberin, an dieser Stelle selbst. Sie versteht sich als so genannte Anknüpferin, weil sie ihr Engagement eng mit ihrer früheren Tätigkeit als Sprachlehrerin verbunden sieht.

»In gewisser Weise habe ich für mich ein Tätigkeitsfeld gefunden, das mir sehr vertraut ist. Trotzdem beginne ich etwas Neues, und das ist besonders reizvoll für mich. Unabhängig von Lehrstoffplänen und schulischen Organisationen bin ich jetzt einzig meinem eigenen Anspruch verpflichtet, kann mich nahezu journalistisch einbringen und auch kreativ mit Sprache umgehen.«

Mich interessiert genauer, was es mit dieser Akustischen Lokalzeitung auf sich hat und wie sich Josefines selbstbestimmte Arbeit gestaltet. Bisher kenne ich nur Hörzeitungen im handelsüblichen Sinne. »Genau das aber möchte ich nicht«, verrät sie mir. »Meine Adressaten sollen neben den von mir ausgesuchten Informationen aus der Lokalpresse immer auch etwas für die Seele mitbekommen. Unter diesem Gedanken suche ich nach besonderen Ereignissen oder ausgefallenen Mitteilungen, die für die Hörer über den lokalen Informationsrahmen hinausgreifen – und zum Abschluss gibt es immer auch noch eine heitere oder nachdenkliche Geschichte. Das macht mir besonderen Spaß, weil ich bei der Sprechfassung dann mit stimmlichen Ausdrucksmöglichkeiten spielen und mit technischen Mitteln experimentieren kann.

Auf die Idee, eine Hörkassette für Ältere und Sehbehinderte herzustellen, wäre ich allein niemals gekommen. Da hat sich für mich die Zugehörigkeit zur Gruppe als Impulsgeber voll bewährt. Während einer Arbeitssitzung wurde nämlich einmal über eine ähnliche

Aktion im süddeutschen Raum berichtet ... und das hat mich sofort animiert. Ich habe danach intensive Recherchen angestellt, mir auch andere Probeexemplare von Hörzeitungen angehört und schnell eine eigene Konzeption entworfen, die auch mit Musik kombiniert werden sollte.«

Josefine hatte ihr Projekt gefunden und stieg mit Begeisterung ein. Sie produzierte eine Musterkassette, nahm Kontakt zum Blindenverein und zu Altenkreisen auf, denn ihre Aktion brauchte ja Abonnenten. Heute beliefert sie in 14-tägigen Abständen Kriegsblinde und Sehbehinderte mit einer 35'–40'-Hörkassette – und das seit nunmehr fünf Jahren.

»Natürlich mache ich das alles ehrenamtlich«, sagt sie wie selbstverständlich, »und auch für die Abnehmer ist die Kassette kostenlos. Mir ist es eine Freude, dass ich diesen Menschen einen kleinen Dienst erweisen kann, auch wenn viel Arbeit damit verbunden ist: Jeden Tag die Lokalzeitung auf mögliche Informationen abklopfen, für die Sprechfassung vorbereiten und dann die Aufnahme mit Zwischenmusik und so manchen Versprechern produzieren ... das kostet schon Zeit; aber wenn dann alles im Kasten ist, habe ich auch ein gutes Gefühl.«

Welche technischen Voraussetzungen für die Produktion und die Auslieferung notwendig und vorhanden sind, möchte ich wissen, denn so etwas erledigt sich ja nicht von allein.

»Oh Gott!«, holt sie aus und bekennt, dass die ersten Aufnahmen einem Abenteuer gleichkamen. »Zunächst war nichts anderes vorhanden als ein simpler Kassettenrecorder und ein Mikrofon. Heute habe ich ein kleines Studio eingerichtet und verfüge über ein Minimischpult, mit dem ich besonders gern experimentiere. Außerdem wurde mir aufgrund eines Zeitungsartikels über meine Arbeit ein Schnellkopierer gesponsert, der mir die Vervielfältigung der Kassetten sehr erleichtert. Dieses ›Geschenk‹ habe ich als Anerkennung für mein Engagement empfunden und die Freude darüber war groß. Und beim kostenlosen Versand durch die Post kommt mir der Vorteil des Blindenvereins zur Hilfe.«

Und eine neue Abhängigkeit hat sich durch diese kontinuierliche Arbeit nicht ergeben, forsche ich nach?

Josefine schüttelt den Kopf und lächelt in sich hinein. »Abhängigkeit? Nein! Ich bin einzig von meiner Zeiteinteilung abhängig, von sonst nichts. Und wenn ich mal den Zeitrhythmus abändern oder Urlaub machen möchte, so bleibt das ganz allein meine Entscheidung. Seit dieser Aktion fühle ich mich jedenfalls innerlich ausgefüllter, als wenn ich nur meinem Privatvergnügen nachginge oder eine Reise auf die andere häufte. Außerdem tue ich etwas für die geistige Flexibilität, was bei meinen 72 Jahren ja nicht unwichtig ist.«

Dabei ist Josefine vor allem im kulturellen Bereich äußerst aktiv, besucht Konzert und Theater und lässt kaum einen interessanten Vortrag aus. Und einen Fremdsprachenkurs hat sie auch noch belegt, denn »gerade diese Konzentrationsübungen sind für die grauen Zellen wichtig«, bekräftigt sie. »Natürlich unterliege auch ich oft dem Gesetz der Trägheit«, gibt sie beiläufig zu, »aber, wenn ich mich dann überwunden habe, ist der Belohnungseffekt doppelt groß. Vielleicht liegt es ja in meiner Natur, dass ich stets auf Neues bedacht bin. Und was man ein Leben lang gelebt hat, verlernt man auch im Alter nicht.«

So möchte mancher alt sein, denke ich mir ...

Josefine hat eine glückliche Ehe hinter sich, ist seit zehn Jahren verwitwet und hat zwei Töchter und zwei Enkelkinder. »Aber meine Mädchen wohnen weit entfernt von mir und sollen vor ihrer Mutter Ruhe haben«, kommentiert sie ihre Ausführungen. Ihr Freundeskreis ist weit über ihren Wohnsitz hinaus verbreitet und wird auch von ihr lebendig gehalten. Sie ist überzeugt, dass einen echte Freundschaften bei gegenseitigem Bemühen durchs ganze Leben begleiten können. Und sie verrät mir ihren Lieblingsspruch:

»*Freund / so du etwas bist / so bleib doch ja nicht stehn /
Man muss von einem Licht / fort in das andere gehn*«.

Fragt man die Gruppe heute, ob sich ihre Vorstellungen und Erwartungen erfüllt haben, so trifft man auf leuchtende Augen und uneingeschränkte Zustimmung. Neben den eigenen Aktivitäten sind zudem auch schöne freundschaftliche Kontakte innerhalb und außerhalb der Gruppe entstanden.

Einzig die geplante Anlaufstelle für andere Menschen auf der Suche nach bürgerschaftlichem Engagement – wie es heute heißt – hat sich nicht so entwickelt wie gedacht. Der Grund liegt wohl darin, dass man den Arbeitseinsatz zum Aufbau einer solchen Zentrale personell nicht hat aufbringen können und dass die dafür notwendigen räumlichen Voraussetzungen nicht zu schaffen waren. Dennoch haben einzelne Personen aufgrund von Zeitungsartikeln ihren Weg zu ihnen gefunden und auch eigene Projekte unter ihrer Mithilfe durchgeführt.

»Es muss ja nicht immer alles gelingen«, ergänzt dazu der Sprecher der Gruppe. Er war von Beginn an ihr Initiator und hält bis heute den Teamgeist in erstaunlicherweise lebendig.

Alle blicken mit großer Zufriedenheit auf ihre Unternehmung zurück und haben – jede(r) für sich – eine neue Wertschätzung erlebt. Ihr Tatendrang ist unverändert erhalten geblieben und sie teilen mit mir den Ausspruch :

Nicht wie alt man wird ist entscheidend /
sondern wie man alt wird.

Nachwort

Ob man sich auf sein Alter vorbereiten kann?
Diese Frage lässt sich wohl schwer eindeutig beantworten. Doch glaube ich, dass sich grundsätzliche Einstellungen und Haltungen erwerben und »einüben« lassen, die den Alternsprozess, das jeweilige Handeln und Verhalten mitbestimmen werden.

Es hat sich gezeigt, dass gravierende Veränderungen der Lebenssituation leichter verkraftet werden können, wenn man sich beizeiten mit den möglicherweise eintretenden Bedingungen auseinandergesetzt hat.

Möglichkeiten dazu gibt es immer und überall, aus sich heraus oder durch Anstöße von außen. Gerade im Erwachsenenbildungsbereich werden viele Kurse angeboten, die zur Selbstvergewisserung beitragen und auch Impulse für die Planung und Gestaltung der eigenen Zukunft geben sollen.

Die Erfahrung aber belegt, dass diese Angebote nur von einem kleinen Personenkreis wahrgenommen werden.

Ist der Verdrängungsaspekt so stark wirksam, dass man sich diesen Gedanken verschließt?

Gibt es gar Ängste, soziale Hürden, die den Besuch solcher Veranstaltungen verhindern?

Für einen gewissen Personenkreis mag das zutreffend sein. Andererseits ist aber auch bei manchen die Einschätzung der eigenen »Jugendlichkeit« ein Hindernis auf dem Wege, den eigenen Prozess des Alterns bewusster wahrzunehmen und in positivem Sinne zu akzeptieren.

Auch wenn das Leben nur in begrenztem Maße planbar ist, die Gestaltung der Zukunft hängt weitgehend davon ab, was ich von ihr erwarte, welche Ziele ich zu verwirklichen beabsichtige.

Bei meinen Gesprächen ist mir aufgefallen, dass Menschen, je älter sie sind, desto stärker darum bemüht waren, ihre Leistungsfähigkeit durch gezielte Maßnahmen zu erhalten.

Das mag daran liegen, dass man sich noch nicht mit den Einschränkungen abfinden will und solchen Abbauerscheinungen vorbeugen möchte.

Ergebnisse der Alternsforschung belegen, dass es keinen Abbau des psychischen und physischen Leistungsvermögens insgesamt gibt, der allein vom Lebensalter abhängig ist. Man kann vielmehr davon ausgehen, dass sich einzelne Elemente in der gesamten Struktur verändern.

So nehmen zum Beispiel bestimmte funktionale Fähigkeiten ab – Muskelkraft, Seh- und Hörvermögen, Geschwindigkeit der Informationsaufnahme und -verarbeitung, Kurzzeitgedächtnis ... andere, übergreifende Fähigkeiten dagegen nehmen zu, wie Kenntnisse von Zusammenhängen, Geübtheit, Urteilsvermögen, Erfahrungswissen etc.

Neben dem Lebensalter gibt es eben auch andere Einflüsse, die zu erheblichen gesundheitlichen Beeinträchtigungen führen können. So sind zum Beispiel Belastungen und Anforderungen im Berufsleben oder im familiären Bereich oft von entscheidenderer Bedeutung für den gesundheitlichen Gesamtzustand als die Zahl an Jahren. Es ist sicher kein Zufall, dass 45 % der männlichen Arbeiter aus gesundheitlichen Gründen eine vorzeitige Rente zuerkannt bekommen haben.

Zunehmender Stress, Zeitdruck und große Verantwortung können zum so genannten Burn-out-Syndrom führen, was eine frühere Beendigung des Erwerbslebens bedingen kann – oder auch zur Anhäufung von Krankheitserscheinungen führt.

Man weiß heute, dass geistige Einbußen im höheren Erwachsenenalter durch Lernaktivitäten deutlich verringert werden kön- nen, da sich diese anregend auf die Nervenzellen auswirken. Findet ein störungsfreies kontinuierliches Training statt, gibt es erstaunliche Effekte in allen Gedächtnisfunktionen. Es ist ein Irrtum, dass der Mensch im Alter nicht mehr lernfähig ist; er verfügt vielmehr über eine große intellektuelle Kapazität, die häufig nicht ausgeschöpft wird.

Erfahrungen mit Älteren zeigen allerdings, dass es da einen hohen Grad an Individualität gibt. Deshalb lassen sich bei Bildungsmaßnahmen auch kaum Angebote auf bestimmte Zielgruppen abstimmen, denn die Interessen und Bedürfnisse variieren sehr stark. Von besonderer Bedeutung in solchen Situationen sind oft die erheblichen emotionalen Widerstände, die überwiegend auf Empfindlichkeiten im Selbstwertgefühl zurückgeführt werden können und das Lernklima dann entsprechend belasten.

Dennoch: Fördern durch Fordern könnte eine Devise sein.

Dafür ist es nie zu spät, aber auch nie zu früh. Schließlich nimmt einem niemand die Verantwortlichkeit für das eigene Älterwerden ab.

»Wer das Alter als eine Chance umfassender Freiheit begreift«, sagt Ulrich Beer, »bei dem kann sogar eine psychologische Verjüngung eintreten.«

Entscheidend für den Verlauf des Alterns bleibt die eigene Einstellung, ob ich den Prozess bejahe oder mich gegen ihn auflehne.

Benoîte Groult äußert in »Leben will ich«:

> »*Die einzig schlimme Behinderung ist das Verschwinden jedes Verlangens. Solange du noch träumst, solange du die Fähigkeit besitzt zu bedauern, solange gibt es kein Alter.*«

Zu den Beiträgen

Die 57-jährige alleinstehende Sozialpädagogin ist aus gesundheitlichen Gründen vorzeitig aus dem Berufsleben ausgeschieden. Nach einer intensiven Erholungsphase wendet sie sich ihrem bevorzugten Hobby Malen zu, das sie weiter ausbauen möchte. Sie verspricht sich davon, ihr Leben mit neuer Sinngebung zu bereichern.

Bei der 74-jährigen geschiedenen Ministerialrätin liegt der Schwerpunkt im sozialen Bereich. Trotz eines schweren, von Verlusten gekennzeichneten Lebens blickt sie auf eine erfolgreiche Berufstätigkeit zurück, die mit Eintritt des Pensionsalters beendet wurde. Sie findet neue Aufgaben und ergreift Initiativen, soziale Kontakte aufzubauen und zu beleben, um einer möglichen Vereinsamung entgegenzuwirken.

Heinz, der 59-jährige Ingenieur, hat sich freiwillig für den Vorruhestand entschieden, um noch genügend Zeit für neue Ziele und Aufgaben zur Verfügung zu haben. – Er entdeckt eine kreative Tätigkeit, die seine schöpferische Ausdrucksfähigkeit steigert und dem Leben eine neue Dimension gibt.

Die 58-jährige Ehefrau ist Mutter zweier Söhne, von denen sie sich erst nach einem langwierigen und schmerzlichen Prozess hat lösen können. Dadurch aber hat die Beziehung zu ihrem Mann – einem pensionierten Pfarrer – an Qualität gewonnen. Beide finden einen neuen Zugang zueinander, und dieser Reifeprozess führt zu großer innerer Zufriedenheit.

Ein 82-jähriger Chemiker – früher in leitender Position in der Großindustrie tätig – kann sich endlich intensiv der Musik widmen, die ihn durchs ganze Leben begleitet hat. Er musiziert in einem kleinen Kammermusikkreis und spielt als Geiger im Ärzteorchester mit. Seine Pensionierung hat es auch möglich gemacht, sich verstärkt seinem Hobby, der Numismatik, zuzuwenden. Nach dem Tod seiner Ehefrau wagt er jetzt eine neue Lebensgemeinschaft mit einer 65-jährigen Kinderärztin.

Die 76 Jahre alte Witwe hat sich als alleinerziehende Mutter eines Sohnes (Kriegerwitwe) schwer durchkämpfen müssen. Nach Flucht und Währungsreform konnte sie schließlich als Kauffrau im Fachhandel Fuß fassen. – Heute versucht sie sich durch Bildungsangebote, Reisen und Lektüre so viel geistige Anregung wie möglich zu holen und achtet besonders darauf, dass zwischenmenschliche Beziehungen aufrechterhalten bleiben, um nicht isoliert zu werden.

Mit 64 Jahren holt der Vorruheständler – Akquisiteur bei der Lufthansa – im Senioren-Studiengang sein nach dem Kriege versäumtes Studium nach. Durch Zufall findet er außerdem ein interessantes neues Betätigungsfeld, indem er Familiengeschichte betreibt. Viele soziale Kontakte zu Jung und Alt bereichern seine freie Zeit.

Von ihren Schwierigkeiten und Möglichkeiten als geschiedene Frau mit vier Kindern erzählt die ehemalige Lehrerin in Teilzeitarbeit. – Heute 68-jährig, füllt sie ihre Pensionszeit mit pädagogischen Angeboten im kreativen Bereich aus und entdeckt dabei, wie vielfältig die Möglichkeiten der Selbstfindung und Selbstverwirklichung im Alter sind.

Nach einem intensiven und erfüllten Leben wendet sich die 72 Jahre alte ehemalige Pädagogin und Konzertsängerin so genannten Seinsfragen zu, um tiefere Erkenntnis zu finden. Sie empfindet die freie Zeit nach der Pensionierung als ein besonderes Geschenk, findet einen völlig veränderten Lebensrhythmus für sich und kostet diesen Zustand voll aus. Neben Tagebuchaufzeichnungen hat sie die Lust zum Briefesschreiben wiederentdeckt.

Ilse – immer noch in der Werbebranche tätig – berichtet in humorvoller Weise über den Umgang mit ihrem eigenen Altersprozess und lehnt es grundsätzlich ab, sich in Bezug auf ihr Alter zu »outen«.

Sechs Personen finden sich zu einer Gruppe zusammen und entwickeln ein Konzept, im Sinne des Gemeinwohls selbstbestimmt und unabhängig ehrenamtlich tätig zu werden. Dabei entstehen unterschiedliche Projekte, die von den einzelnen Personen je nach Kompetenz und Interesse durchgeführt werden. Unterstützt durch das Seniorenbüro der Stadt und Veröffentlichungen in der Presse gelingt es ihnen, ihre Vorstellungen erfolgreich realisieren zu können.

Hinweise zur Literatur
(zitierte und weiterführende Literatur)

ALBERTZ, HEINRICH: Am Ende des Weges

BEAUVOIR, SIMONE DE: Das Alter

BEHR, ULRICH: Altern kann man lernen

BERGER u. GERNGROSS: Die neu gewonnene Freiheit

BRÜCKNER, CHRISTINE: Die letzte Strophe

BÜHLER, CHARLOTTE u. MASSARIK, F: Lebenslauf und Lebensstile

ERIKSON, E. H: Der vollständige Lebenszyklus

FRIEDAN, BETTY: Mythos Alter

GROULT, BENOÎTE: Leben will ich

GUARDINI, ROMANO: Die Lebensalter

HESSE, HERMANN: Mit der Reife wird man immer jünger

LEHR, URSULA: Psychologie des Alterns

NAEGELE, GERHARD: Zwischen Arbeit und Rente

NIEDERFRANKE, ANNETTE: Leiterin des Referats Alternsforschung: Bundesministerium für Familie, Senioren, Frauen und Jugend

SHEEHY, GAIL: Die neuen Lebensphasen

THOMAE, HANS: Alternsstile und Altersschicksale

WALTER, HELMUT: Das Alter leben